MANAGEMENT ACCOUNTING FOR ENTERPRISE GROUP

企業グループの
管理会計

園田智昭◆編著

Sonoda Tomoaki

中央経済社

◆執筆者一覧（執筆順）

園田　智昭　（慶應義塾大学商学部教授）　⋯⋯⋯⋯⋯⋯⋯⋯⋯⋯⋯ 第1章

内山　哲彦　（千葉大学大学院社会科学研究院教授）⋯⋯⋯⋯⋯ 第2章，第3章

横田　絵理　（慶應義塾大学商学部教授）⋯⋯⋯⋯⋯⋯⋯⋯⋯⋯⋯⋯⋯ 第4章

福田　淳児　（法政大学経営学部教授）⋯⋯⋯⋯⋯⋯⋯⋯⋯⋯ 第5章，第6章

髙久　隆太　（慶應義塾大学商学部教授）⋯⋯⋯⋯⋯⋯⋯⋯⋯ 第7章，第8章

岡　　照二　（関西大学商学部准教授）⋯⋯⋯⋯⋯⋯⋯⋯⋯⋯ 第9章，第10章

青木　章通　（専修大学経営学部教授）⋯⋯⋯⋯⋯⋯⋯⋯⋯ 第11章，第12章

平井　裕久　（神奈川大学工学部教授）⋯⋯⋯⋯⋯⋯⋯⋯⋯⋯⋯⋯⋯ 第13章

はじめに

　純粋持株会社の設立，シェアードサービスの普及，連結財務諸表への移行，組織再編や海外展開の進展などにより，日本の企業は，親会社を中心とした経営から，企業グループ全体を視野に入れた企業グループ・マネジメントにシフトしている。しかし，管理会計の多くの研究は，個別企業での適用を前提としており，企業グループ全体で適用した場合の議論が不足している。本書は，このような問題意識に基づいて，日本会計研究学会のスタディ・グループで，「企業グループ・マネジメントのための管理会計」として，2013年9月より2年間にわたり実施した研究成果である。

　スタディ・グループでは，企業グループのマネジメントについて，以下の3つの視点を設定し，1つまたは複数の視点より，各自の設定した問題領域に関する研究を行った。

---

① 　企業グループ全体の最適化と，個別企業または連結セグメントにおける部分最適化の整合性。
② 　企業内で適用されている管理会計手法を，企業グループ全体に適用することで生じる変化。
③ 　企業グループ・マネジメントに固有の管理会計に関する課題。

　研究の主要な方法は，企業への訪問調査と質問票調査である。訪問調査先は，NTTグループ，マルハニチログループ，サントリーグループ，キヤノングループなどのほかに，匿名を希望する企業も含まれている。ここですべての社名を記載できないのは残念だが，インタビューをしても記述を断る企業もある中で，多くの企業グループが本書での事例の紹介にご快諾してくださったことに感謝し御礼申し上げる。また，質問票に回答して頂いた多くの企業にも，改めて御礼を申し上げる。

　以下は本書で取り上げたテーマである（カッコ内はその項目で紹介している企業グループ）。シェアードサービス会社の責任会計上の位置づけ，CMS（Cash Management System）による資金の全体最適化，連結セグメント会計，シェ

アードサービス会社の売却の意思決定，分社型の純粋持株会社制での人的資産の有効活用と企業グループ意識の醸成（NTT），経営統合プロセスにおける純粋持株会社と事業持株会社の組織選択（マルハニチロ），純粋持株会社と事業持株会社のマネジメント・コントロールへの影響の違い（製造業に属するA社），純粋持株会社を設立したときの知識の事業会社間での移転，共通機能会社の生産技術部より事業会社への生産技術的な知識の移転（サントリー），移転価格課税リスクのマネジメント，国際税務マネジメントの実態分析（キヤノン），グループ環境経営・会計の導入状況の検討（ビール会社大手4社），連結ベースでの環境会計の実施の分析（質問票調査），企業グループでのロイヤルティ・プログラムの導入の効果の検討，ロイヤルティ・プログラムの導入意図に関する実態調査（電鉄企業3社と質問票調査），企業グループ全体の価値評価（宇部興産と神戸製鋼所）。このように，本書で取り扱ったテーマは，企業グループ・マネジメントのさまざまな問題領域を取り扱っており，企業の実務に関連した記述も多くされているので，研究者だけではなく実務家にも参考になる研究成果になっていると思う。

　2年間にわたり研究グループで活動して頂いた先生方には，全力でご協力頂いたことに深く感謝したい。また，スタディ・グループの設立を認めて頂いた，日本会計研究学会の先生方にも御礼申し上げる。末筆になるが，本書の出版をご快諾頂いた中央経済社ホールディングスの山本継会長，山本憲央社長，中央経済社の小坂井和重取締役専務，会計編集部の田邉一正氏に厚く御礼申し上げる。

　2017年10月

編者　園田　智昭

目　　次

第1章

企業グループの管理会計
——研究目的と3つの研究視点について

Ⅰ　本書の研究目的と研究の前提 …………………………………… 1

1　本書の研究目的　*1*

2　企業グループの形態　*2*

3　研究の対象とする企業グループの範囲　*3*

Ⅱ　分析のための3つの視点 …………………………………………… 3

Ⅲ　企業グループの全体最適と部分最適について ……………… 5

1　企業グループ内の最適化の3つのレベル　*5*

2　企業グループの全体最適と部分最適の関係　*7*

3　部分最適化の事例——シェアードサービス会社の責任会計上の位置づけ　*9*

4　企業グループの全体最適化の事例——CMSの導入　*10*

Ⅳ　管理会計手法の変化について …………………………………… 11

1　連結セグメント会計と財務会計上の開示について　*11*

2　連結セグメント会計について　*12*

3　連結セグメント会計の課題　*13*

Ⅴ　企業グループ・マネジメントに固有の管理会計に関する

課題 ……………………………………………………………………… 14

1　シェアードサービス会社の売却について　*14*

2　シェアードサービス会社の売却に関する考慮事項　*15*

第2章

企業グループ・マネジメントにおける
人的資産管理の全体最適とグループ価値向上

Ⅰ　はじめに ……………………………………………………………… 19

Ⅱ　問題意識と研究仮説 ……………………………………………… 19

Ⅲ　純粋持株会社化の目的 …………………………………………… 22

Ⅳ　純粋持株会社化の課題 …………………………………………… 23

Ⅴ　純粋持株会社制および事業持株会社制の長所と課題 ……… 25

Ⅵ　企業事例 …………………………………………………………… 28

　　1　NTTグループの概要　*29*

　　2　NTTグループ内での事業会社の自律的活動　*30*

　　3　NTTグループの全体最適を志向した人事の取組み　*31*

Ⅶ　おわりに …………………………………………………………… 33

第3章

**経営統合プロセスにおける企業グループ・
マネジメントの進展とグループ全体最適**

37

Ⅰ　はじめに …………………………………………………………… 37

Ⅱ　問題意識と研究仮説 ……………………………………………… 37

Ⅲ　純粋持株会社の設置と廃止を伴う経営統合プロセス ……… 39

　　1　純粋持株会社の設置と傘下企業の配置（統合型の純粋持株会社化の
　　　第1段階）　*39*

　　2　純粋持株会社の下での事業・組織の再編（統合型の純粋持株会社化の
　　　第2段階）　*41*

　　3　純粋持株会社の廃止と組織の再々編（事業持株会社化）　*43*

Ⅳ　企業事例 …………………………………………………………… 44

　　1　マルハニチロ株式会社の概要　*45*

　　2　純粋持株会社の設置と傘下企業の配置（統合型の純粋持株会社化の
　　　第1段階）　*46*

　　3　純粋持株会社の下での事業・組織の再編（統合型の純粋持株会社化の
　　　第2段階）　*48*

　　4　純粋持株会社の廃止と組織の再々編（事業持株会社化）　*53*

Ⅴ　おわりに …………………………………………………………… 55

第4章

57

純粋持株会社から事業持株会社へ
——遠心力と求心力のバランス

Ⅰ　はじめに …………………………………………………… 57

Ⅱ　純粋持株会社と事業持株会社 …………………………… 57

Ⅲ　事業持株会社と純粋持株会社のグループ経営における
　　マネジメント・コントロールの違い ………………………… 60

Ⅳ　検討のための視点 ………………………………………… 63

Ⅴ　純粋持株会社から事業持株会社への変更の事例 ………… 63
- 1　純粋持株会社化への流れ　*63*
- 2　2013年事業持株会社化　*66*
- 3　A社のグループ会社としての業績評価制度　*67*
- 4　純粋持株会社から事業持株会社への変化による子会社経営への影響　*68*

Ⅵ　分析と考察 ………………………………………………… 69
- 1　純粋持株会社から事業持株会社への変化の意味　*69*
- 2　マネジメント・コントロールの視点　*70*

Ⅶ　おわりに …………………………………………………… 71

第5章

75

純粋持株会社における事業会社間での知識の移転

Ⅰ　はじめに——問題提起 …………………………………… 75

Ⅱ　事業部制のもとでの事業部間での知識の移転 …………… 78
- 1　郵送質問票調査結果の要約　*78*
- 2　事業部間での知識の移転に関する聞き取り調査の概要　*80*

Ⅲ　研究のフレームワーク——知識のガバナンス・アプローチ …… 81

Ⅳ　純粋持株会社制と事業部制 ……………………………… 83
- 1　事業会社間の連携の必要性の知覚に影響を及ぼす要因　*83*
- 2　環境の変化　*87*

Ⅴ　おわりに——今後の課題 ………………………………… 88

第6章

事業会社間での知識の移転
──サントリーグループの事例

91

I　はじめに──問題提起 ……………………………………… 91

II　サントリーグループの事例 ……………………………… 92

1　サントリーグループの概要と組織の構造上の変遷　*92*

2　サントリービジネスエキスパート株式会社（SBE社）　*94*

3　技術開発プロジェクト　*97*

4　サントリーグループにおける技術的な知識の移転　*99*

5　生産技術部門およびその担当者の評価　*103*

III　事例の検討 ………………………………………………… 105

IV　おわりに──総括と課題 ………………………………… 106

第7章

移転価格課税リスクと企業グループ・マネジメント

109

I　はじめに ……………………………………………………… 109

II　移転価格税制の概略 ……………………………………… 110

1　移転価格税制とは　*110*

2　国家の課税権の衝突　*111*

3　移転価格課税により生じる二重課税　*111*

4　移転価格課税リスク　*112*

III　管理会計と移転価格税制 ………………………………… 113

1　管理会計における移転価格税制の議論　*113*

2　本章の特徴　*114*

IV　企業グループ・マネジメント …………………………… 115

1　移転価格マネジメントの対象となるグループ　*115*

2　移転価格マネジメントの内容　*115*

3　グループ・マネジメント　*116*

V　管理会計マネジメントと移転価格課税 ………………… 120

1　シェアードサービスと移転価格課税　*120*

	2　業績評価と移転価格課税　*121*	
Ⅵ	関連領域におけるマネジメント	122

1　リスクマネジメント　*122*
2　知的財産マネジメント　*122*

Ⅶ　移転価格マネジメントに係る全体最適と部分最適 ………… 123

Ⅷ　グループ以外の企業を含めた新たなマネジメントの検討 …… 124

Ⅸ　おわりに ………………………………………………………… 124

第8章

127

企業における国際税務マネジメントの実態分析
──キヤノンのケース

Ⅰ　はじめに …………………………………………………………… 127

Ⅱ　会社概要 …………………………………………………………… 127

1　組　織　*127*
2　地域別売上　*128*
3　従業員数　*129*
4　利益率の推移　*129*

Ⅲ　国際税務グループ・マネジメント ……………………………… 129

1　国際税務マネジメント　*129*
2　移転価格マネジメント　*131*
3　移転価格以外の国際税務マネジメント　*131*

Ⅳ　管理会計マネジメントと移転価格課税 ………………………… 132

1　シェアードサービスと移転価格課税　*132*
2　業績評価と国際税務マネジメント　*133*

Ⅴ　関連領域におけるマネジメント ………………………………… 133

1　リスクマネジメント　*133*
2　知的財産のマネジメント　*134*

Ⅵ　移転価格マネジメントに係る全体最適と部分最適 ………… 135

Ⅶ　おわりに ………………………………………………………… 136

第9章

137

企業グループ・マネジメントにおける環境会計
──部分最適化から全体最適化へのシフト

Ⅰ　はじめに………………………………………………………137

Ⅱ　環境経営における環境会計・環境報告書の概況…………138

Ⅲ　問題意識と仮説………………………………………………140

Ⅳ　個別環境会計情報から連結環境会計情報への移行………141

　　1　『環境会計ガイドライン』における取扱い　*141*

　　2　『環境報告ガイドライン』における取扱い　*143*

　　3　連結環境会計の導入状況　*143*

Ⅴ　グループ環境経営・会計導入事例
　　──ビール業界大手4社を事例として………………………145

　　1　ビール4社の財務情報　*146*

　　2　ビール4社の環境会計情報　*146*

　　3　ビール4社のエコ・エフィシェンシー　*149*

　　4　ビール4社の環境経営度スコアおよびランキング　*152*

Ⅵ　おわりに………………………………………………………154

第10章

157

企業グループ・マネジメントにおける環境会計の
実態調査──質問票調査を用いて

Ⅰ　はじめに………………………………………………………157

Ⅱ　問題提起と仮説………………………………………………158

Ⅲ　質問票調査の概要……………………………………………159

Ⅳ　分析・考察……………………………………………………160

　　1　環境会計の実施状況　*160*

　　2　環境会計の実施形態　*161*

　　3　環境会計情報の重要度・実施目的・ステークホルダー別の重要度　*162*

　　4　単体ベースの環境会計から連結ベースの環境会計への移行　*164*

vii

 5 連結ベースの環境会計実施企業の対応　*167*

 6 環境経営の最適化の範囲とサプライチェーンによる環境会計情報の開示の必要性　*167*

 Ⅴ おわりに ……………………………………………………… 170

第11章

173

企業グループ・マネジメントにおける
ロイヤルティ・プログラムの役割と顧客基盤の構築

 Ⅰ はじめに …………………………………………………… 173

 Ⅱ 企業グループ・マネジメントのためのロイヤルティ・プログラム ……………………………………………………… 174

  1 ロイヤルティ・プログラムの目的　*174*

  2 ロイヤルティ・プログラムの分類——特典の種類に基づく分類　*175*

  3 ロイヤルティ・プログラムの分類——特典の提供主体に基づく分類　*176*

 Ⅲ ロイヤルティ・プログラムの効果に関する先行文献 …… 181

 Ⅳ 企業グループ型のロイヤルティ・プログラムによるグループ・シナジーの創出 ………………………………… 183

 Ⅴ おわりに …………………………………………………… 186

第12章

189

電鉄企業におけるロイヤルティ・プログラムによる
グループ・シナジーの創出

 Ⅰ はじめに …………………………………………………… 189

 Ⅱ 質問票調査に基づく電鉄企業のロイヤルティ・プログラムの検討 ……………………………………………………… 190

  1 調査の概要　*190*

  2 グループ・ポイントカードにおいて意図している効果　*191*

  3 グループ・ポイントカードの評価尺度　*192*

  4 グループ・ポイントカードの運営方針　*193*

  5 グループ・シナジーの測定　*194*

Ⅲ　企業事例 ………………………………………………… 195

   1　A社グループのロイヤルティ・プログラム　*195*

   2　B社グループのロイヤルティ・プログラム　*198*

   3　C社グループのロイヤルティ・プログラム　*200*

Ⅳ　おわりに ………………………………………………… 203

第13章

205

企業グループの価値評価

Ⅰ　はじめに ………………………………………………… 205

Ⅱ　企業価値評価と連結経営 ……………………………… 205

   1　企業価値の評価　*205*

   2　連結経営による価値創造——企業再編の視点から　*208*

Ⅲ　企業グループの価値創造 ……………………………… 210

   1　企業グループの価値評価　*210*

   2　企業グループの価値算定　*213*

   3　事例：グループ・マネジメント（CMS導入）による企業価値の創造　*214*

Ⅳ　企業のグループ化（持株会社化）による価値創造 ……… 217

   1　持株会社化による企業グループ　*217*

   2　持株会社化による企業グループ価値の評価　*219*

Ⅴ　おわりに ………………………………………………… 221

索　引　*225*

企業グループの管理会計
——研究目的と3つの研究視点について

I　本書の研究目的と研究の前提

1　本書の研究目的

　1990年代の後半より，日本の企業グループは，それまでの親会社中心のマネジメントから，企業グループ全体を視野に入れたマネジメントに，大きく方向を変えている。そのような方向転換が生じた主要な理由として，以下の4点を示すことができる。

> ① 1997年12月の，独占禁止法の改正による純粋持株会社の解禁。
> ② 1999年以降の，日本企業によるシェアードサービスの導入。
> ③ 2000年3月決算より，主要な財務諸表が，個別財務諸表から連結財務諸表に移行。
> ④ 企業統合，事業の買収および売却，海外展開の進展。

　このように，企業グループ全体を視野に入れたマネジメントの重要性が高まっているが，管理会計に関する研究の多くは，個別企業の視点で行われている。たとえば，セグメント会計については，個別企業の事業部や社内カンパニーを前提として研究されており，園田（2014a）などを除き，管理会計の視点から連結セグメント会計の研究は，ほとんど行われていない。

　その一方で，企業グループ全体の視点から行われた管理会計研究も，徐々に

ではあるが蓄積されている。たとえば，シェアードサービス会社が，グループ会社だけにサービスを提供している場合，単体ではプロフィット・センターであるが，連結上はコスト・センターとして位置づけられる。このように，単体と連結で責任センターの位置づけが一致しないことを原因として，シェアードサービス会社にはさまざまな課題が生じている。このような責任センターの不一致と，それに基づく課題の抽出は，企業グループ全体の視点で分析することで，初めて発見された事項である。

このことは，今までのように，単一企業を中心とした研究だけではなく，企業グループ全体を視野に入れた視点からも，管理会計理論を再検討することが必要であることを意味している。本書では，分析の対象を企業グループ全体に広げることで，管理会計に新たな知見を提供することを目的としている。

研究の主要な方法は，企業への訪問調査と質問票調査である。現実の企業の動向を分析して理論化することで，企業グループ・マネジメント研究が手薄である管理会計の分野に，研究上の貢献ができたものと考える。さらに，複数の企業の実務を分析することで，いわゆる理論と実務の乖離を防ぎ，実務家にとっても有益な情報が提供できている。なお，企業側の要望により，社名をアルファベットで匿名として示している場合は，各章ごとに独立してアルファベットを選択している。したがって，同じA社という表記であっても，執筆者が異なる章であれば，異なる企業を意味している。

2 企業グループの形態

企業グループは，親会社の形態が純粋持株会社か事業持株会社かという観点から大別できる。親会社が自らは事業を行わず，グループ会社の統括を主たる目的とする場合，そのような親会社を純粋持株会社という。純粋持株会社は，1997年12月の独占禁止法の改正により，日本でも設立が解禁され，現在では多くの企業グループで純粋持株会社が設立されている。

純粋持株会社を設立した場合，今までの親会社の事業部や社内カンパニーは分社化され，グループ会社として事業を担うことになる。純粋持株会社の多くは100人以下の組織であり，企業グループ全体の目標や戦略の策定と，経営資源の配分などを担当する。それ以外のスタッフ機能は分社化され，多機能型の

シェアードサービス会社が設立されるのが一般的である。

これに対して，自ら事業を行う親会社を事業持株会社という。多くの事業持株会社は，多角化した経営を行い，企業グループの中で収益と利益が最も大きい。それに対して，純粋持株会社体制下では，グループ企業の中に主要な事業会社が存在しており，この点からも親会社中心主義が取りづらくなっている。

本書では，親会社がどちらの形態であるのかを明らかにしつつ，両者の企業グループを対象とした総合的な研究を行っている。なお，事業持株会社は，独占禁止法が改正される前の親会社の形態であるために，純粋持株会社を単に持株会社と表記し，事業持株会社を単に事業会社と表記することも多い。本書でも同様の記述法を採用して，純粋持株会社であることが明らかな文脈では，持株会社を純粋持株会社と同義の用語として使用している箇所がある。

3　研究の対象とする企業グループの範囲

本書が対象とする企業グループは，資本関係により結合する企業集団である。資本関係について，子会社（形式基準では50%超の議決権を親会社が所有している会社）に限定するか，関連会社（形式基準では20%以上50%以下の議決権を親会社が保有している会社）まで含めるかは，本書の議論にほとんど影響を与えない。ただし，100%子会社でないと，非支配株主持分や非支配株主に帰属する当期純利益，さらには持分法による投資損益が，連結財務諸表上で表示される。それらの配分を説明に加えても煩雑になるだけであるので，最も極端なケースである，親会社と100%子会社（100%孫会社を含む）を企業グループの範囲として，理論部分の説明を進めている。

II　分析のための3つの視点

このような問題意識に基づき，本書では，企業グループ・マネジメントに関して以下の3つの視点を設定し，各章の執筆者が設定したテーマに関連づけて研究を行った。なお，3つの視点については，それぞれが独立しているわけではなく，複数の視点を組み合わせて問題設定をすることも可能である。たとえば，移転価格課税のマネジメントは，第3の視点の企業グループ・マネジメン

トに固有の課題であるが，第1の視点の全体最適と部分最適という観点から検討することもできる。

> ①　企業グループ全体の最適化と，個別企業または連結セグメントにおける部分最適化の整合性。
> ②　企業内で適用されている管理会計手法を，企業グループ全体に適用することで生じる変化。
> ③　企業グループ・マネジメントに固有の管理会計に関する課題。

　第1の視点は，企業グループ全体の最適化と，個別企業または連結セグメントにおける部分最適化の整合性である。親会社がグループ企業や連結セグメントの業績を，それぞれの利益で評価する限り，部分最適化が優先され，企業グループとしての全体最適化を図ることは難しい。たとえば，シェアードサービス会社に業務を委託することが，企業グループの全体最適化に貢献するとしても，アウトソーサーへの委託費の方が安価であれば，個々のグループ企業にとっては，アウトソーサーに業務を委託する方が最適な意思決定になる。第1の視点の問題意識は，管理会計の観点から多様な企業の行動を分析し，そのメカニズムを解明することで，企業グループの全体最適化の促進に貢献することである。

　第2の視点は，企業内で適用されている管理会計手法を，企業グループ全体に適用することで生じる変化である。個別企業を前提とした議論を企業グループ全体に広げることで，新たな管理会計上の知見を得ることが期待される。たとえば，管理会計の代表的な手法であるセグメント会計については，企業内の組織を対象とした事業部制会計として，主要な議論が展開されている。しかし，今後は企業グループ全体を視野に入れた，連結セグメント会計についての検討も必要である。連結セグメント情報に関しては，すでに有価証券報告書で開示されているが，その作成方法や利用の仕方について，管理会計上の研究は進んでいない。たとえば，管理会計で通常提示される貢献利益方式のセグメント別損益計算書と，有価証券報告書で開示される情報の違いなども検討されるべきであろう。

　第3の視点は，企業グループ・マネジメントに固有の管理会計の課題である。

第7章・第8章で検討している移転価格課税のマネジメントは，海外にあるグループ企業との取引から生じる所得に対する課税のマネジメントであり，企業グループ・マネジメントに固有の管理会計の課題として位置づけることができる。このほかにも，純粋持株会社の収益源と収益レベルに関する検討（園田, 2007）や，IFRSの適用が企業グループのマネジメントに与える影響（園田, 2011），シェアードサービス会社の売却に関する意思決定の問題（園田, 2015b）などは，企業グループのマネジメントを前提とすることで，検討すべき課題として認識されるテーマである。

Ⅲ 企業グループの全体最適と部分最適について

1 企業グループ内の最適化の3つのレベル

企業グループ・マネジメントの最も大きな課題は，全体最適（グループ経営の視点）と部分最適（単一企業または特定セグメントの視点）の間で整合性を保った経営を行うことである。全体最適と部分最適の問題は企業内でも生じるが[1]，以下の3つの理由から，企業の内部組織で調整するよりも，企業グループ内で調整する方がより困難である。

第1に，グループ企業は，それぞれが独立した法人格を持つ企業であるために，必ずしも親会社の意向に従うわけではない。

第2に，親会社が，利益に関連した指標で個々のグループ企業を評価するのであれば，グループ企業が自社の利益の最大化を図ることを止めることは難しい。

第3に，事業ごとの連結セグメントについては，グループ企業をまたいだ，セグメント間の調整という問題が生じる。

1　全体最適と部分最適の問題は，企業グループだけではなく，企業内の組織でも生じており，さまざまな管理会計上のテーマに関連して問題とされている。園田（2014b, p.126）では，企業内の全体最適と部分最適の問題について，予算スラックと事業部の忌避宣言権を例として示している。

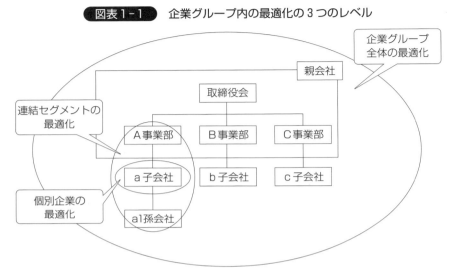

図表1-1 企業グループ内の最適化の3つのレベル

(出所:園田, 2014a, p.29)

　図表1-1は，企業グループ内の最適化の3つのレベルを示している。図表1-1に示すように，企業グループ内でとられる最適化の範囲は，個別企業の最適化，連結セグメントの最適化，企業グループ全体の最適化の3つである。個別企業の最適化は，連結セグメントの最適化と企業グループ全体の最適化を必ずしも意味しないし，連結セグメントの最適化も，個別企業と企業グループ全体の最適化を必ずしも意味するわけではない。さらに，ある個別企業の最適化が，別の個別企業の最適化を阻害する場合もあるし，同様に，ある連結セグメントの最適化が，別の連結セグメントの最適化を阻害する場合もある。

　また，企業グループが全体最適の状態でも，個別企業や連結セグメントの最適化が棄損されている場合もある。なお，個別企業には，子会社だけではなく，親会社も含むものとする。すなわち，親会社の部分最適化は，企業グループ全体の最適化を必ずしも意味するものではなく，グループ企業や連結セグメントの犠牲のもとに，親会社の最適化が図られる場合もある。

第1章　企業グループの管理会計　7

2　企業グループの全体最適と部分最適の関係

(1)　企業グループの全体最適の定義

　ここで，本書が考える企業グループの全体最適についての定義と，全体最適と部分最適の関係について明らかにしておく。本書では，ある企業グループを構成する組織の利益が増加することを，部分最適と定義する。部分最適と同時に，企業グループ全体の連結利益が減少する状態は，部分最適と全体最適の間でコンフリクトが生じていることを示している。連結利益が減少しなくても，企業グループを構成するその他の組織の利益が減少することもあるが，このような状態は，部分最適と部分最適の対立の問題と考える。また，全体最適とは，ある企業グループを構成する組織の利益が増加することで，企業グループ全体の連結利益が現在よりも増加する状態である。

(2)　企業グループの全体最適と部分最適の関係

　企業グループにおける部分最適とは，特定のグループ企業または連結セグメントの最適化を意味する。一方，(1)で定義した企業グループの全体最適は，ただ1つの静的な状態を意味しているわけではなく，変動的であり，最適点を具体的な数値で示しているわけではない。したがって，実際の企業グループ・マネジメントの局面では，グループ企業または連結セグメントが行う活動が，構成要素自身の最適化だけに向けた活動であるのか，その結果が企業グループ全体の最適化に向いているのかにより，相対的に判断されることになる。

　図表1-2は，全体最適と部分最適の関係をまとめた表である。パターン1では，特定のグループ企業または連結セグメントの利益が増加し，他のグループ企業または連結セグメントの利益は変化しないか増加している。その結果，企業グループ全体の利益も増加するので，パターン1の結果になることが予想されるのであれば，企業グループの全体最適と整合的であり，調整の必要はない。CMSによる企業グループの資金の全体最適化は，パターン1の例である。

　パターン2では，特定のグループ企業または連結セグメントの利益が増加し，他のグループ企業または連結セグメントの利益が減少するが，企業グループ全体の利益は増加するパターンである。別のグループ企業または連結セグメント

図表1-2 全体最適と部分最適の関係

	利益の変化			
	パターン1	パターン2	パターン3	パターン4
特定のグループ企業または連結セグメントの利益の変化	増加	増加	増加	増加
他のグループ企業または連結セグメントの利益の変化	変化なしまたは増加	減少	減少	増加と同額の減少
企業グループ全体の利益の変化	増加	増加	減少	変化なし
全体最適との整合性	整合的	整合的	整合的ではない	整合的
部分最適化同士の対立	対立はない	対立	対立	対立

(出所：筆者作成)

の利益の減少額が小さいと，このような状態が生じる。パターン2も企業グループの全体最適と整合的ではあるが，部分最適化同士の対立が生じているために，企業グループまたは連結セグメントの間で利益を再配分するなど，何らかの調整が必要になる。

パターン3では，特定のグループ会社または連結セグメントの利益は増加するが，逆に企業グループ全体の利益は減少する。このような状態が生じるのは，別のグループ会社または連結セグメントの利益が，それ以上に減少する場合である。したがって，パターン3は企業グループの全体最適と整合的ではなく，部分最適化同士の対立も生じているため，事前に何らかの調整を行って，このような状態を回避する必要がある。たとえば，利益が増加する行動を取らないことで失う利益を，業績評価上はバーチャルの利益として加算することなどが考えられる。

パターン4では，特定のグループ会社または連結セグメントの利益が増加する代わりに，別のグループ会社または連結セグメントで同額の利益が減少する。パターン4では企業グループ全体の利益は変化しないので，全体最適とは整合的ではあるが，利益が減少するグループ会社または連結セグメントのために何らかの調整を行って，モラールダウンが生じるのを回避することが望ましい。

ここまでの考察から，企業グループの全体最適と部分最適については，以下

第1章 企業グループの管理会計 **9**

のようにまとめることができる。グループ企業または連結セグメントの活動に基づいて，その企業または連結セグメントに対する利益が生じる。本書では，子会社だけではなく親会社も含んだ概念としてグループ企業を考えているので，グループ企業各社または連結セグメントで生じるプラスとマイナスの利益の総和が，企業グループ全体の利益になる[2]。

そのため，企業グループの全体最適化を実現するためには，①グループ企業または連結セグメントを対象として，②活動が行われる前に（事前に），③意識的に管理会計手法を適用して，④企業グループの全体最適化に向けた調整作業を行う必要がある。この①～④のプロセスにより，企業グループの全体最適化が目指されることになる。

3 部分最適化の事例——シェアードサービス会社の責任会計上の位置づけ

ここでは，企業グループ全体で経理や人事などの間接業務を集約したシェアードサービス会社を例として，企業グループ内での全体最適化と部分最適化について説明する。シェアードサービス会社は独立した法人であり，グループ会社にサービスを提供し収益を得ているので，単体としての原則的な位置づけはプロフィット・センターである。しかし，グループ会社だけにサービスを提供している場合には，シェアードサービス会社の収益は，連結会計上はグループ会社が支払う対価（グループ会社では費用に計上する）と相殺消去されるので，連結上の収益増加には貢献しない。グループ外の企業にサービスの販売をしない限り，シェアードサービス会社の連結上の位置づけはコスト・センターということになり，単体と連結で責任センターの位置づけに不一致が生じている。

シェアードサービス会社がプロフィット・センターとして行動するのであれば，利益最大化により組織としての成長を目指すことになる。しかし，グループ会社は，シェアードサービス会社をコスト・センターとして認識しており，利益を獲得することを歓迎しない。それよりも，シェアードサービス会社に対価引下げを要請して，自社の支払う費用を減少し，結果として自社の利益が増

---

2 グループ企業または連結セグメント間で行われた取引については，単純に合算せずに相殺消去する必要がある。

加することを選択する。

このことは，企業グループ内で，グループ会社の個別最適が，シェアード
サービス会社の個別最適に優先して行われていることを示している。ただし，
連結会計上は取引が相殺消去されるので，設定される価格の水準は，企業グ
ループの全体最適には影響しない。その一方で，シェアードサービス会社に
とって，この状況は必ずしも望ましい状態ではなく，従業員のモラール低下な
どにより，結果として別の部分で全体最適を損なう事態を生じさせかねない。
たとえば，努力しても成果が自社に蓄積されず，逆に売上高が減少するのであ
れば，コスト削減や業務品質向上の努力を放棄するかもしれない。そのような
事態は，企業グループ全体にとって明らかにマイナスである。このケースは，
図表1-2のパターン4に該当し，シェアードサービス会社に対して，何らか
の代替的な対応を取る必要があることを示している。

4 企業グループの全体最適化の事例——CMSの導入

CMS（Cash Management System）は，資金に関する企業グループの全体最
適化を志向しつつ，部分最適も実現する手法である。CMSには，最も基本的
な機能であるプーリングを中心として，ネッティングと支払代行という主要機
能を持つ。図表1-3に示したL社グループという仮説例では，親会社のL社
がCMS統括会社となり，システムにより日々自動的にグループ会社のY社か
ら余剰資金を集約し，資金不足であるX社に配分する。L社，X社，Y社の3
社は，同じ企業グループに属するとはいえ独立した法人であるので，この間の
資金の移動は借入・貸付の形式を整えることになるが，企業グループ全体では
外部からの借入金が不要になることから，借入金・社債と支払利息が減少する。

資金余剰があるグループ会社にとっては，統括会社に資金を貸し付けること
で，銀行に預けるよりも高い金利で運用できる。それに対して，資金不足のグ
ループ会社にとっても，銀行から借りるよりも安い金利での借入れが可能にな
る。もちろん法人税法基本通達9-4-2に抵触しないような金利の設定が必要
であるが，関係するすべてのグループ会社の個別最適化と，グループの全体最
適化をCMSにより実現できる。園田（2010, pp.54-55）では，CMSを導入した
宇部興産とA社[3]について，両企業グループともに，CMS導入後に借入金・社

第1章　企業グループの管理会計　**11**

図表1-3　CMSによる資金の全体最適化

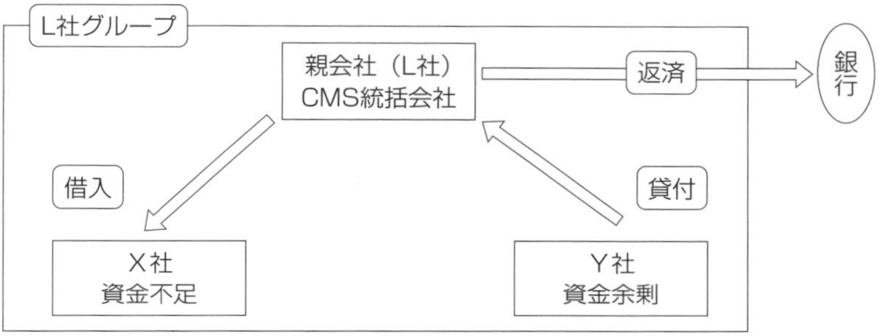

（出所：園田, 2017, p.139の図表12-1を一部修正）

債と支払利息が大幅に減少していることを検証した。

Ⅳ　管理会計手法の変化について

1　連結セグメント会計と財務会計上の開示について

　企業グループ・マネジメントの第2の視点は，企業内で適用されている管理会計の手法を，企業グループ全体で適用したときに生じる変化である。個別企業を前提とした議論を企業グループ全体に広げることで，新たな管理会計上の知見を得ることが期待される。ここでは，セグメント会計を企業グループ全体で適用する，連結セグメント会計を例にとり説明する。

　セグメント会計は，本来は管理会計の代表的な手法である。しかし，これまでは企業内の事業部を主たる対象として議論されており，企業グループ全体を視野に入れた連結セグメント会計についての検討は，管理会計の分野ではほとんどされていない。その一方で，有価証券報告書では，すでに連結セグメントごとの売上高，利益，資産等の情報が開示されており，むしろ財務会計主導で議論が進められているのが現状である。

　有価証券報告書で開示される連結セグメントは，マネジメント・アプローチ

3　本章の注4のA社と同一企業である。

によって，セグメントの区分が決定されている。マネジメント・アプローチとは，『セグメント情報等の開示に関する会計基準』45で，「経営上の意思決定を行い，業績を評価するために，経営者が企業を事業の構成単位に分別した方法を基礎とする」と定められた，セグメント区分に関する考え方である。「意思決定」と「業績を評価」という用語を定義中に含むように，マネジメント・アプローチの採用により，連結財務諸表の作成基準には，管理会計に近い考え方が導入されていると考えてよい。

2　連結セグメント会計について

連結セグメント会計は，セグメント会計を連結ベースで適用したものであり，セグメント（内）のグループ企業間取引を相殺消去し，合わせて未実現利益の消去も実施するという，通常の連結取引で実施する項目が含まれている。それ以外に，以下の2つの項目のように，全社の連結会計にはない，セグメント会計固有の処理も含んでおり，両者を融合した特徴を持っている。

第1に，売上高は外部顧客への売上高だけではなく，セグメント（間）の内部売上高または振替高も加えた金額で構成されており，後者の分だけ連結財務諸表の売上高よりも大きい数値となる。

第2に，連結セグメントに配分しない全社資産があることなどを理由として，連結財務諸表の資産総額よりも，セグメント資産の合計は小さい値となる。

有価証券報告書で開示されている連結セグメント情報では，セグメント会計と連結会計を融合するために，連結セグメントごとの売上高，利益，資産それぞれの合計値を，全社の数値と一致させる調整欄が設けられている。たとえば，売上高の中のセグメント（間）取引については，「調整額」の欄でその消去を実施する。また，親会社が所有する本社建物や有価証券などの共通資産は，セグメントに配分せずに，調整額の欄に集計して加算する。

管理会計で，連結セグメントごとに財務諸表を作成する場合，親会社が事業会社か持株会社かにより，作成難易度が異なっている。**図表1-4**の左側の図のように，親会社が事業会社で複数セグメントを所有している場合，親会社内部のセグメント会計は管理会計ベースであり，それにグループ会社を連結することになる。つまり，本社の事業部と子会社の連結であり，特に資本連結は技

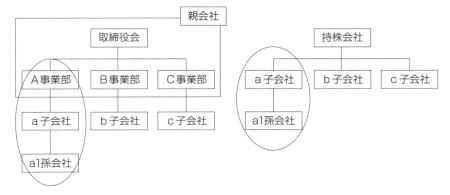

図表1-4　親会社の形態の違いによる連結セグメント情報の違い

（出所：園田, 2014a, p.37の図表8）

術的に難しくなるために，セグメント別の貸借対照表を作成することは困難である。

一方，右側の図のように，親会社が純粋持株会社である場合は，子会社間の連結であり，セグメント間の取引の相殺消去を除き，全社連結と技術的な差はほとんどない。

3　連結セグメント会計の課題

ところで，管理会計上の利用を考えると，マネジメント・アプローチで定める報告セグメントが，管理目的として妥当な大きさであるかどうかが問題となる。有価証券報告書のセグメント区分は，マネジメント・アプローチとはいえ，基準により抽象的に定められた大きさである。実際の運用状況を見ると，セグメントの数は事業部やSBUの数よりも著しく限定的に設定されており，現実の管理目的で利用する範囲としてはまだ大きすぎる。さらに，トップ・マネジメントは，連結セグメントとグループ企業のどちらの業績を重視しているのか，連結単位でセグメントを統括する担当役員は存在するのか，連結セグメント予算の作成は行われているのかといった点についても，今後調査が必要である。

筆者が調査したＡ社[4]グループでは，１つのセグメントが複数の組織で構成

される場合，複数の役員が1つのセグメントを担当している場合がある。たとえば，都市ガスセグメントは規模が大きいために，内部を生産部門・導管部門・営業部門の3部門に機能別に組織化しており，それぞれの責任者が統括していた。またセグメント情報を外部に開示するだけではなく，セグメント別に予実管理を開始して，内部管理上の利用も行っている。ただし，グループ会社の個々の予算をもとにして，本社でセグメント別予算を作成しているが，仕入先情報がないため，内部消去等の精度に課題が残っているとのことであった（園田，2014a，pp.35-36）。

V 企業グループ・マネジメントに固有の管理会計に関する課題

1 シェアードサービス会社の売却について[5]

　企業グループを対象として考察することで，管理会計に関係した新たな課題が生じてくる。ここでは，シェアードサービス会社の売却に関する意思決定の問題を紹介する。シェアードサービスが日本企業に本格的に導入されるようになってから，すでに15年以上が経過している。この間には，一度導入したシェアードサービスを廃止したり，グループ外のアウトソーシング企業にシェアードサービス会社を売却した企業グループも出てきている。アウトソーシング企業へのシェアードサービス会社の売却は，企業グループ・マネジメントの観点からは，自社グループで行う間接機能の選択の結果として説明できる。シェアードサービス会社に業務を委託する場合は，社員またはグループ会社に対する，組織内部のマネジメント・コントロールを選択している。

　一方，シェアードサービス会社の売却は，シェアードサービス会社からアウトソーサーに，間接業務の実施主体が移行することを意味する。シェアードサービス会社を売却した場合には，従業員は売却先のアウトソーサーに転籍し

　4　本章の注3のA社と同一の企業である。
　5　この項の詳細は，園田（2015b）を参照のこと。

て，企業グループを離れる。しかし，シェアードサービス会社で受託していた経理や人事などの業務が不要になるわけではないので，売却先であるアウトソーサーに業務を委託することになる。つまり，アウトソーサーに売却後は，市場を通じた価格による間接業務のコントロールを行うことになる。

2　シェアードサービス会社の売却に関する考慮事項

(1)　事業会社の売却と比較した特徴

　この意思決定を考察するうえで，売却するシェアードサービス会社が機能会社であり，事業会社でないことは重要なポイントである。事業会社の売却は，主力事業に経営資源を集中することを目的として，これ以上の追加的な投資を行わない事業や，赤字が続き成長が望めない事業を対象として行われる。

　一方，シェアードサービス会社は，もとは自社内の組織にサービスの提供を行っていた機能会社である。シェアードサービス会社は独立した企業であるので，グループ会社に提供するサービスには対価が設定されるが，コスト回収的な価格設定が行われることが多い。さらに，給与計算や経理の業務量は，前年度と比較して大きく変動することがほとんどないために，シェアードサービス会社は，利益が増加する構造ではないものの，逆に赤字にもなりづらい組織である。また，事業拡大に伴う新規投資も考えづらい。

　このように，事業会社に比べて問題にならないほど会計的なリスクは低く，売却後もそこで行われていた業務を実施する必要があるシェアードサービス会社を，事業会社の売却と同じ感覚で行うのではなく，組織の特徴を反映して，リスクとベネフィットを慎重に検討したうえで意思決定を行うべきである。

(2)　会計上の考慮事項

　会計上の判断では，売却時と売却後の2つの時点に分け，両者のネット・キャッシュ・インフローの合計がプラスであれば有利，マイナスであれば不利と考える。売却時点のキャッシュ・インフローは，親会社が保有するシェアードサービス会社の株式の売却に係るキャッシュの出入りである。

　シェアードサービス会社の売却の特徴は，事業会社の売却ではほとんど考慮する必要がない，売却後にキャッシュの支出が生じることである。売却しなけ

ればグループ内で発生するはずであった人件費は，シェアードサービス会社の売却により節約できるが，その代わりにアウトソーサーに対して支払う委託料が発生するため，売却後のネット・キャッシュ・インフローは，$\Sigma\{($人件費等の節約額－支払委託料$)$の割引現在価値$\}$で求めることができる。「人件費等の節約額＞支払委託料」であれば，その差額だけ毎年キャッシュが加算されていくことになる。

　しかし，シェアードサービス会社と売却先の企業は，責任会計上の性質が違うことから，「人件費等の節約額＜支払委託料」となるリスクも存在する。シェアードサービス会社は，連結上コスト・センターとして位置づけられるが，その売却先であるアウトソーサーはグループ外部の企業であるため，完全なプロフィット・センターである。そのため，より多くの利益を獲得するために，取引価格（委託料）を上昇させる方向にインセンティブが働く。シェアードサービス会社は，コストを削減し価格を引き下げることで企業グループに貢献していたので，両者の方向性は全く異なっている。シェアードサービス会社のときとコストが等しければ，利益を上乗せする分だけ，高い委託料をアウトソーサーに支払うことになる。モニタリングのためのコストなど，価格に反映されない間接的なコストの存在も忘れてはならないし，今まで価格に反映されていなかったグレーゾーンの業務に，価格が設定される可能性もある。

（3）　会計以外のリスク要因

　会計以外のリスク要因は，長期的に影響を及ぼす事項であるために，意思決定時には無視されがちである。売却先のアウトソーサーで，今までと同じ人員が業務を引き続き担当したとしても，グループ内の籍のときに持っていたほどのロイヤルティは期待できないであろう。リストラへの不安感で，残った社員のモラールが低下することも考えられる。業務プロセスのブラック・ボックス化，業務品質の低下，機密事項のリスク管理という問題も生じうる。

（4）　意思決定上の考慮事項のまとめ

　これまで検討したように，売却時点および売却後の収支計算に加え，会計以外のリスク要因を総合的に勘案し，長期的な視点でシェアードサービス会社の

売却は意思決定すべきである。会計的な面に関しては，計画段階では有利であったとしても，年数がたつうちに意思決定の担当者が異動し，その後のチェック機能が働かなくなるリスクも存在する。またアウトソーサーとの契約を個々のグループ会社が行うときには，分散して請求される金額を合計して，グループ全体での合計額のチェックも行うべきである。

● 参考文献

伊藤邦雄．1999．『グループ連結経営』日本経済新聞社．

園田智昭．2006．『シェアードサービスの管理会計』中央経済社．

園田智昭．2007．「純粋持株会社の収益管理」『三田商学研究』50(3)：155-164.

園田智昭．2008．「純粋持株会社体制下の企業グループに関する管理会計上の諸問題」『會計』174(1)：16-30.

園田智昭．2010．「CMSによる資金マネジメントの効果とその発展性」『會計』177(5)：48-59.

園田智昭．2011．「IFRSのアドプションによる原価計算・管理会計への影響」『企業会計』63(10)：113-119.

園田智昭．2014a．「企業グループマネジメントの進展に伴う管理会計のイノベーション」『會計』185(2)：27-38.

園田智昭．2014b．「企業グループの全体最適と部分最適―管理会計の視点による分析―」『三田商学研究』56(6)：125-131.

園田智昭．2014c．「シェアードサービス会社への業務の集中の阻害要因について―企業グループの全体最適と部分最適の視点からの検討―」『産業経理』74(3)：62-69.

園田智昭．2015a．「企業グループ・マネジメントのための管理会計」『企業会計』67(1)：55-57.

園田智昭．2015b．「シェアードサービス会社の売却の意思決定について」『三田商学研究』58(2)：67-74.

園田智昭．2017．『プラクティカル管理会計』中央経済社．

ビジネスブレイン太田昭和（監）．中澤進・倉林良行・岩﨑啓太（編）．2012．『グローバル連結経営管理』中央経済社．

（園田智昭）

企業グループ・マネジメントにおける人的資産管理の全体最適とグループ価値向上

Ⅰ　はじめに

　1997年の純粋持株会社制の解禁以降，多くの日本企業が分社化を伴った純粋持株会社制を採用している。日本企業では，それまでにも事業部制やカンパニー制が採用され，分権化が進められてきた。事業部制やカンパニー制を採用する企業では，事業部やカンパニーの下に，また本社直属の形で子会社を持つことが多く，その場合にこのような企業は事業持株会社となる。

　同じ分権的な組織形態である事業部制・カンパニー制と純粋持株会社制とでは，どのような違いが生じるのか。純粋持株会社制によるグループ経営においては，しばしば企業グループとしての全体最適が強調される。本章では，企業グループ価値の向上に向けて，企業グループの全体最適と事業会社の部分最適との整合をどのようにとっていくかについて，人的資産の管理に焦点をあてて，インタビュー調査を交えて考察する。

Ⅱ　問題意識と研究仮説

　純粋持株会社制への移行には，その機能から見て，大きく2つのタイプが存在する（下谷, 2009, pp.136-142）。1つは，もともと1つの企業であったものを，親会社が内部の事業部門を分社化し，自らが純粋持株会社に組織転換することで，親会社の「戦略本社」としての位置づけを明確化するとともに，傘下子会

社の事業分野の適正化を目指した1つの企業グループとなる「分社型」である。いま1つは，既存の企業の上部に純粋持株会社を置くことで1つの企業グループとなり，その下で企業同士が経営統合し，企業規模の拡大やシナジーの獲得など市場における競争的地位の向上を目指す「統合型」[1]である[2,3]。以下，本章では，その問題意識から分社型に焦点を絞って考察を行う。

　本章は次のような問題意識に基づく。すなわち，何らかの理由によって分社型の純粋持株会社制を採用することで，それまで1つの企業であったものが，1つの企業グループを構成する複数の企業となる。そこでは，純粋持株会社の下で各事業会社がまったく自律的に経営活動を行うのではなく，もともと1つの企業であった事業会社群を中心に，グループを単位とした1つのマネジメント体系の下で，グループとしての全体最適を図る新たな必要性が生じると考えられる。

　上記の問題意識を人的資産の管理にあてはめる。**図表2-1**のように，事業部制（事業持株会社制）を採用する組織においては，採用や教育訓練，異動，業績評価・報酬制度の設計などが，法人格を別にする企業単位で行われる。いま，この組織が，**図表2-2**のように純粋持株会社制に移行し，事業部が事業会社に，また間接部門の一部がシェアードサービス会社（SS会社）になって，それぞれ分社化されたとすると，同様に人的資産の管理が企業単位で行われる。

1　「分社型―統合型」という区分は，「組織再編型―業界再編型（あるいは経済力集中型）」や「分社子会社管理型―合併代替型」などともよばれる（下谷，2006，p.110，p.145）。

2　もともと純粋持株会社制の解禁にあたっては統合型が念頭にあったが，分社型の役割を強調する主張が優勢を占めるようになり，解禁に対する世論の反発を軽減する作用をもたらした（下谷，2009，p.72）。ただし，統合型の純粋持株会社化を行って1つの持株会社の下に収まった後に，次のステップとして持株会社の下で傘下事業・組織の内部再編が行われるのが普通である（下谷，2009，p.142）。

3　小本（2005）は，1999年10月1日から2004年10月1日までに純粋持株会社制に移行した，金融機関を除く企業のうち53社を対象とした分析から，分社化を積極的に進めている企業ほど純粋持株会社化を進める傾向があること，ならびに，すでにM&A活動を活発に行ってきた企業ほど純粋持株会社化に消極的である一方，これまでM&Aに積極的に取り組まなかったが今後積極化しようという企業が純粋持株会社化を1つの手段として利用しようとしていることを実証的に明らかにしている。この結果は，純粋持株会社制への移行の目的が分社型と統合型とに大別されることと整合する。

第 2 章　企業グループ・マネジメントにおける人的資産管理の全体最適とグループ価値向上　┃　21

図表 2-1　事業部制（事業持株会社制）

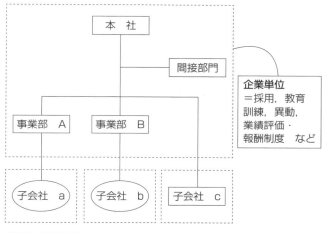

（出所：筆者作成）

図表 2-2　純粋持株会社制

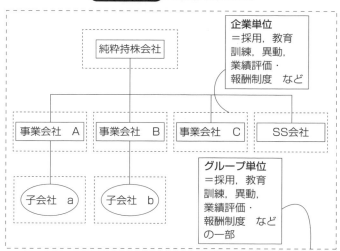

（出所：筆者作成）

統合型の純粋持株会社化の場合には，持株会社の傘下に入る既存企業の人事制度などが異なる場合に，制度の統合に一定の時間をかける目的もあって，合併による経営統合ではなく，純粋持株会社の設置とその下への既存企業の配置による経営統合が選択されることが多い。これに対し，分社型の純粋持株会社化の場合には，会社分割に伴う労働契約の承継等に関する法律（労働契約承継法）により，企業は分社化を理由とした労働条件等の一方的な不利益変更はできない。分社化に前後して労働条件を変更するには，法令や判例に従い，労使間の合意が基本となる[4]。したがって，人的資産の管理を明確な主たる目的として分社型の純粋持株会社化を行うことはほとんどないと考えられる[5]。その一方で，分社化に伴って，新たな組織形態の下で，各事業会社が自律的な経営活動を行うことを目指しながら，同時にこれをグループとしての新たな全体最適に向けてマネジメントする必要が生じると考えられる。すなわち，採用や教育訓練，異動，業績評価・報酬制度の設計などの少なくとも一部を，かつて1つの企業であった事業会社群を中心にグループ単位で行うことで，グループとしての全体最適を目指していくと考えられる。これが，本章での研究仮説である。

Ⅲ 純粋持株会社化の目的

園田（2005）は，純粋持株会社により企業グループを組織化する最大の目的はグループ価値の向上であるとする。すなわち，グループとしての全体最適化を目指していると考えられる。そして，そのための具体的な目的として次の4つをあげている。第1に，トップ・マネジメントが事業遂行から離れ戦略的な

4　くわしくは，厚生労働省「労働契約承継法指針全文」（http://www.mhlw.go.jp/general/seido/toukatsu/roushi/01c.html（2015.7.31閲覧））および三菱UFJリサーチ＆コンサルティング 組織人事戦略部（2010, pp.175-184）を参照されたい。

5　分社化と並行して人事制度の変更を図る企業も一部には存在する。『労政時報』第3619号（2004.2.6）では，事業特性や業績に応じた労働条件への対応を可能にすることをねらいの1つに純粋持株会社制に移行した富士電機グループ（2003年10月移行）の事例が紹介されている。同グループでは，純粋持株会社制移行前から事業特性や業績に応じた労働条件の実現を目指した取組みを進めていた。なお，同グループは2011年4月に純粋持株会社制を廃止している。

意思決定に集中する。第2に，事業ごとに組織を整理して事業会社ごとの業務の対象を明確にする。これには，必要な事業を他社から買収し，そのまま持株会社傘下につけ加えるといったことも含まれる。第3に，事業会社へ権限を委譲し，業績を明確にする。そして第4に，不要な事業の売却や廃止を容易にする（園田，2005, pp.129-130）。上記の第3の目的には，設備投資などの意思決定権限やトップ・マネジメントを除く社員の人事権限を可能な限り事業会社に委譲することが含まれる。ここから，純粋持株会社制の採用によるグループ経営の推進には，一方でグループとしての全体最適を目指しながら，他方で事業会社への権限委譲に基づく自律的な経営活動の促進，そしてそれに伴う部分最適への志向が内包されていると見ることができる。ここで部分最適とは，事業会社などが，与えられた権限の範囲内でそれぞれの経営環境の下で自社の最大利益を自律的・主体的に追求することを指し，必ずしも全体最適に対して負の影響のみを指すものではない。そもそも分権化の本質的な意図は，権限を与えられた組織が自律的・主体的に経営活動を行うことによって，その最大利益を追求し，それが全体としての利益の最大化に資することにある。

　さらに，下谷（2009）は，純粋持株会社化による効用の本質的な部分を「エンドレス機構」に見出す。すなわち，傘下に多数の子会社を要するピラミッド型の組織機構を作り出す点では，純粋持株会社も事業持株会社（筆者注：事業部制やカンパニー制）も同じである。しかし，事業持株会社制の場合には，持株会社が特定の事業を行っていることからグループ全体の事業範囲の広がり具合が制限的であるのに対して，純粋持株会社は，それ自体が特定の「本業」を持たないことで，それまでとは比較にならないほど柔軟に事業選択が行えるようになる。これが「エンドレス機構」であり，純粋持株会社は「次の経営統合」に向けたスペースを常に用意していると指摘する（下谷，2009, pp.142-150）。それは，統合型の純粋持株会社化だけでなく，分社型の純粋持株会社化であっても基本的に同じである。

Ⅳ　純粋持株会社化の課題

　目的の一方で，純粋持株会社制を採用した場合のさまざまな課題も指摘され

る。園田（2008）は，純粋持株会社制の下での企業グループでは，企業グルー
プ全体としての業績や価値の向上において次のような5つの課題が存在すると
指摘する。すなわち，①企業グループ全体としての連結業績の向上，②セグメ
ント別の連結業績の向上，③適正な資金配分の実施，④企業グループのなかで
の間接部門の位置づけ，⑤採用・異動・業績評価などの人事上の課題（園田，
2008, pp.18-21）である[6]。

　また，塘他（2011, p.27）は，純粋持株会社制がうまく機能しない理由として，
①純粋持株会社の本社が機能を果たせていないこと，②社外への分社化では，
社内での組織分化の場合以上に事業会社間に高い壁ができ，事業会社から全体
が見えなくなっていること，③業績評価システムの不備もあり，全体業績より
も事業会社の業績を優先させる結果となっていることを指摘する。これらはい
ずれも，全体最適に対して負の影響を与えるような部分最適の追求につながる。

　このような企業グループにおける全体最適と部分最適との整合が課題となる
背景の1つとして，純粋持株会社の「求心力」と事業会社の「遠心力」のアン
バランスが指摘される。求心力と遠心力は，純粋持株会社と事業会社が経営資
源をどれだけ所有しているかによって，あるいは，それらの利用について影響
力を持っている程度によって決まる（塘他，2011, p.27）。純粋持株会社の事業会
社に対する支配の程度や内容は企業グループごとに多様であり，すべては純粋
持株会社にどれだけの権限を集めるかにかかっている（下谷，2009, p.143）[7]。人
的資産の管理については，たとえば，純粋持株会社が持つ事業会社のトップ・
マネジメントの人事権限は求心力として作用し，逆に，事業会社が持つ事業会
社内での人事権限は遠心力として作用する。事業会社を越えた異動は純粋持株
会社に権限が集中されていないと難しい（塘他，2011, p.28）とされるが，この
ような純粋持株会社への権限の集中化は，事業会社への権限委譲に基づく自律

6　⑤を人的資産の適正な配分の問題と考えると，その課題としての本質は③と同じと
　考えることもできる。
7　このことは，純粋持株会社は主にグループ全体の戦略の立案や資源配分の意思決定
　を担当し，このような活動はグループ全体のために行われる必要不可欠な活動であり，
　グループ内企業への間接的なサービスの提供であることから，純粋持株会社は機能会
　社に分類される（園田，2006b, p.154）という指摘とも整合する。

第2章　企業グループ・マネジメントにおける人的資産管理の全体最適とグループ価値向上 ▎ *25*

的・主体的な経営活動の促進と対立するものでもある。

Ⅴ 純粋持株会社制および事業持株会社制の長所と課題

　純粋持株会社制および事業持株会社制の長所と課題を一覧に示すと**図表2-3**のようになる。純粋持株会社制と事業持株会社制とでそれぞれの長所と課題が裏腹の関係にあることがわかる。

　純粋持株会社制には以下のような長所が存在する。まず，事業会社への分権化がより強く進められ，各事業会社の自律的・主体的な経営活動が促進される。純粋持株会社制では，各事業会社におけるそれぞれの市場環境に適合した制度設計（人事制度を含む）や迅速な意思決定が期待される。また，事業ユニットを別会社化することによって，会計的業績評価の精度が高まり（田中, 2004, p.35），業績評価結果がより明確になることや，上場を行うことでの株式市場からの評価や資金調達の際の銀行からの評価など（伊藤・林田, 1996, p.174）が加わることで，収益性に対する責任の明確度が高まる[8]。これにより，モチ

図表2-3　純粋持株会社制および事業持株会社制の長所・課題

純粋持株会社制			事業持株会社制	
			カンパニー制	事業部制
長所	大きい	分権化の程度	⇔	小さい
	高い	収益性責任の明確度	⇔	低い
	容易／無限	組織の結合・切り離し	⇔	難しい／制限的
	可能	組織のスリム化（小さな本社）	⇔	困難
課題	大きい	組織の壁	⇔	小さい
	グループ単位で難しい	人的資産を含めた経営資源の機動的な配置	⇔	会社単位で容易
	グループ単位で難しい	企業理念・経営理念の共有・浸透	⇔	会社単位で容易

（出所：筆者作成）

ベーションを高めつつ，グループ全体への貢献度がより把握しやすくなる。さらに，貢献度の評価をもとにした経営判断により，シナジーを期待できるなどグループ価値を高めると思われる外部のさまざまな事業組織をグループに加えることが容易かつ無限に可能であるとともに，グループ価値に貢献しない内部の事業組織を切り離すことが容易である[9]。

　加えて，下谷（2006, pp.251-265）は，分社化によって生まれた子会社を，親会社の本業から多角化した事業を分担する子会社（通常，事業部などの自律的な事業単位であった場合が多い）と，親会社の本業に対して垂直的に補完支援する役割を担う子会社（ほとんどの場合，親会社や事業部の内部で1つの機能だけを担ってきた非自律的な事業単位が前身）とに区分した上で，分社化の理由を，前者については分権化の徹底化，後者については組織のスリム化（小さな本社）の追求に見出している。子会社の数としては多数を占める後者のケースのメリットは事業持株会社制では追求が困難と考えられる。

　純粋持株会社制に見られるこれらの長所は，裏返すと，事業持株会社制の課題でもある。すなわち，事業会社の内部組織である事業組織（たとえば事業部）への分権化の程度は，純粋持株会社の傘下にある事業会社への分権化の程度に比して相対的に小さい。また，事業会社の内部組織である事業組織の収益性責任の明確度は，純粋持株会社の傘下にある事業会社の収益性責任の明確度に比して相対的に低い。さらに，事業持株会社は，それ自体が事業活動を行っていることから，そこに結合できる組織は事業活動と関連を持つ組織に自ずと限定され，結果的に組織の結合が相対的に難しく，制限的である。同様に，組織の切り離しも，一般に内部組織の独立性が低いことから，相対的に難しく，制限的である。加えて，傘下の事業組織に対してすべての本社機能を提供する必要があることから，組織のスリム化（小さな本社）の追求が困難である。

　一方で，事業持株会社制には以下のような長所が存在する。まず，1つの事

8　『労政時報』第3665号（2005.11.11），pp.81-86では，分社化と純粋持株会社制の採用により，カンパニー制に比べて，人事政策についての事業会社の自己完結意識や自己責任感が高まったとする旭化成の事例が紹介されている。

9　分社化のメリットの1つとして，リスクを各事業会社に限定する「ファイヤーウォール機能」もある。

業会社であることから，事業会社の内部組織である事業組織の間での組織の壁は，純粋持株会社の傘下にある事業会社の間での組織の壁に比して相対的に小さい。また，事業会社の内部組織である事業組織の間での経営資源の機動的な配置は，純粋持株会社の傘下にある事業会社の間での経営資源の配置に比して，1つの事業会社単位では相対的に容易である。さらに，企業理念・経営理念の共有・浸透は，1つの事業会社の単位では相対的に容易である。

　事業持株会社制に見られるこれらの長所は，裏返すと，純粋持株会社制の課題でもある。すなわち，企業組織の分化が進むことによって，組織の壁が大きくなりシナジーを得にくくなる。また，組織の壁が大きくなることで，人的資産を含めた，さまざまな経営資源を機動的に配置することがグループ単位では難しくなる。さらに，傘下に独立性の高い事業会社を持つため，企業理念・経営理念の共有・浸透がグループ単位では難しくなる。

　そこで，純粋持株会社制を採用する企業グループは，このような課題による影響をいかに小さくするかに取り組んでいると考えられる[10]。人的資産の管理については，採用や教育訓練，異動，業績評価・報酬制度の設計などの少なくとも一部をグループ単位で行うことで，グループとしての全体最適を目指していると考えられる。

　人的資産の管理に関する諸施策を企業グループの単位で，すなわち純粋持株会社が関与して実施することの利点として以下のものが考えられる。第1に，人材を機動的に配置することによる人的資産の有効活用である。これにより，経営課題に適切かつ迅速に対応するとともに，人材育成が図られる[11]。その実現には，グループ内での異動を可能な限りスムーズに行うべく，職層やグレード，業績評価制度や報酬制度[12]，退職金・年金制度などのグループ内での共通化が望まれる[13]。第2に，組織の壁を取り除く企業グループ意識の醸成である。

10　横田（2006）では，カンパニー制を廃止したNECにおける，社内事業同士をつなぐ「横通し」のしくみが紹介されている。

11　團（2004）は，実態として，出向や転籍が親会社から子会社への一方通行で，いわゆる逆出向がほとんどないことを指摘する。また，團（2010）は，同じ子会社でも，もともと内部組織であったか被買収企業かといった設立経緯によって人事上の扱いが異なりうることを指摘する。

権限委譲に基づく部分最適が結果としてグループの全体最適につながるような
ものとなるには，グループやグループ経営に対する従業員一人ひとりの高い意
識が求められる。その実現には，上記のようなグループ内での異動のほか，採
用や教育訓練など（の一部）をグループで一体的に行うこと[14]やグループ理念
の浸透施策などが望まれる。そして第3に，人的資産の管理を実施するにあ
たって効率性や効果性が向上することである。これには，採用や教育訓練を大
きな単位で実施することによるスケールメリットの追求や，就職希望者に対し
て訴求力のあるグループブランドの活用などが含まれる。その実現には，近年
広く実施されるようになったシェアードサービス（園田，2006a）の活用や，採
用や教育訓練のグループでの一体的な実施などが望まれる。

VI 企業事例

　分社型の純粋持株会社制の下での人的資産の管理の全体最適への取組みにつ
いて，企業事例を検討する。特に，人的資産の管理に関する諸施策を企業グ
ループの単位で（純粋持株会社が関与して）実施することの3つの利点，すなわ

12　戎野他（2008）は，純粋持株会社制を採用した日本の金融グループについて，自社
　　業績だけでなくグループ連結業績を意識して特にボーナスを決める傾向が強まりつつ
　　ある事例を紹介している。

13　純粋持株会社の子会社の経営に対する関与は，商法に基づく株主権の行使などの形
　　で行われる。純粋持株会社はあくまで子会社の株主に過ぎないので，従業員の労働条
　　件決定などに細かく関与することは認められない。株主としての権利の行使を超えて
　　子会社の人事・労務管理にかかわる場合は，使用者としての関与であると判断され，
　　純粋持株会社の使用者性の問題が生じる恐れがあるとされる。純粋持株会社が使用者
　　と認められると，子会社の労働組合との団体交渉に応じなければならず，子会社への
　　権限委譲による戦略的意思決定への集中やグループ全体の経営の迅速性など，純粋持
　　株会社制のメリットを損なう危険性があると指摘される。くわしくは，『賃金実務』
　　No.891（2001.11.1），pp.26-33を参照されたい。

14　職業安定法第36条により，ある会社が他社から委託を受けて有償・無償で労働者の
　　募集を行う場合には関係当局の事前許可・届出が義務づけられている。持株会社がグ
　　ループ各社から委託を受けて一元的に採用募集を行う場合には，本規定に抵触しない
　　ように注意する必要があるとされる。また，持株会社で一元的に採用後，グループ各
　　社に出向・転籍させることを反復継続して行うとすれば業とみなされ，同法第44条の
　　規定に抵触する可能性も指摘される。くわしくは，三菱UFJリサーチ＆コンサルティ
　　ング 組織人事戦略部（2010, pp.112-113）を参照されたい。

第2章　企業グループ・マネジメントにおける人的資産管理の全体最適とグループ価値向上　❙　*29*

ち，①人材を機動的に配置することによる人的資産の有効活用，②企業グルー
プ意識の醸成，③人的資産の管理施策の実施の効率性・効果性向上（スケール
メリットの追求やグループブランドの活用など）がどのように行われているかに
ついて，NTTグループの事例を検討する[15]。

1　NTTグループの概要

　NTTグループは，日本電信電話株式会社（以下，NTTHD）を純粋持株会社
とする，売上高で世界最大級の通信事業会社グループである。連結子会社数
946社，グループ社員数23万9,750名（2014年3月末），連結営業収益10兆9,252億
円，連結営業利益1兆2,137億円（2014年3月期）である[16, 17]。1985年に民営化
される以前は電電公社であり，そもそもグループ会社を作ることができなかっ
たが，民営化直後から電気通信事業以外への多角化を目指してグループ会社を
設立してきた。1999年には東日本電信電話株式会社（以下，NTT東日本），西
日本電信電話株式会社（以下，NTT西日本），エヌ・ティ・ティ・コミュニケー
ションズ株式会社（以下，NTTコミュニケーションズ）への地域分割（分社化）
と純粋持株会社制の採用が行われた。これらはもともと1つの会社であり，
NTTグループにおける純粋持株会社化は分社型に位置づけられる。
　グループ内の事業会社は，その目的や事業の性格から次の4つに分類される。
①電気通信業を行う規制会社[18]（NTT東日本，NTT西日本），②電気通信業を行
い，法的な規制や保護がなく自由競争の下で事業を行う純粋な民間会社（NTT
コミュニケーションズ，株式会社エヌ・ティ・ティ・ドコモ（以下，NTTドコモ），
株式会社エヌ・ティ・ティ・データ（以下，NTTデータ）など），③親会社から切
り離した業務を受託して仕事をする純粋型のシェアードサービス会社（株式会
社エヌ・ティ・ティ エムイーなど），④その他の事業会社である。事業会社は

15　NTTグループの人的資産管理施策について，2014年5月30日に，NTTグループの
　　主要事業会社の方（ご本人の希望により匿名）にインタビューを行った。インタ
　　ビューの形式は半構造化インタビューである。記して深く御礼申し上げる。
16　以上の数値はいずれもNTTHDのホームページを参照。
17　インタビューを実施した2014年の情報を記載している。
18　日本電信電話株式会社等に関する法律（NTT法）に基づいてあまねく公平に電気
　　通信サービスを提供することを義務づけられている一方で，法律の保護もある。

NTTHDに対して年度の事業計画を提出し，売上や利益，人員計画などについて年度初めに承認を受け，決算後に計画通りか業績評価を受ける。

2　NTTグループ内での事業会社の自律的活動

上記のように，事業会社によってNTTHDから期待されているものが異なるため，人事制度や人材育成のやり方も事業会社によって異なっている[19]。採用については，基本的に各事業会社の裁量で行われている。大規模な事業会社では，社員はほぼプロパー社員によって構成され，そこからその子会社や他の事業会社に出向が行われる。小規模な事業会社では，社員はプロパー社員と，主として上記の大規模事業会社からの出向社員とで構成される[20]。NTTHD自体については，研究所の研究員は研究所採用によるNTTHD籍となるが，それ以外の企画部門は事業会社（NTT東日本，NTT西日本，NTTコミュニケーションズなど）からの出向社員で構成される。出向期間は多くが2年であるため，頻繁に人が入れ替わる。

事業会社における各種制度設計は，それぞれの事業実態に応じるべく各事業会社に権限委譲されている。実際には1社時代（分社化以前）の制度を参照する形で制度設計されていることが多いものの，NTTコミュニケーションズ，NTTドコモ，NTTデータのような，自由競争の下で事業を行う会社では少しずつ制度変更が行われている。NTTグループでは，1999年の地域分割および純粋持株会社化以降，小さな持株会社を志向してきた。すなわち，大きな権限を持った持株会社を作らず，それぞれの事業会社が市場に合ったあり方を決めていき，適正な市場競争ができる状態にすることが求められた。そこには，事業内容が各事業会社で異なっていることに加え，分社化したそもそもの理由として，巨大企業を小さくすることで競争を促すという基本的思想が存在したこと，それに伴って，とりわけ分割当初は各社が親密に事業を行うことを避ける政治的・社会的背景が存在していたことがある。このため，採用や教育研修も

19　たとえば，電気通信設備の工事や運用を行う会社であれば技術力のある人材が，販売会社であれば営業力のある人材が，それぞれ求められる。

20　子会社から親会社などへのいわゆる逆出向はほとんどない。

第2章　企業グループ・マネジメントにおける人的資産管理の全体最適とグループ価値向上　■　*31*

事業会社でそれぞれ実施する体制が採られた。

3　NTTグループの全体最適を志向した人事の取組み

　分社化と純粋持株会社制採用の後，グループの全体最適については，事業会社がそれぞれのポジションにおいてうまく事業を遂行すればよいというスタンスが採られ，個々の事業会社が最大限のパフォーマンスをあげれば，その合計がNTTグループ（NTTHD）としての全体（最大）最適であると見られてきた。しかし，グループとしてのシナジーを出していかなければならないほどに事業環境が厳しさを増してきた[21]。そこで，それまでとは違う形でのグループとしての全体最適を目指す機運が高まった[22]。具体的には，事業会社間でのある程度の連携が必要であると，考え方が変わってきた。

　とりわけ，現在のNTTHD社長である鵜浦博夫氏が社長に就任（2012年6月）以降，グループ求心力を高める方向に舵を切りなおしてきている。その背景には，純粋持株会社化から10年以上が経過し，グループとしての求心力が失われたという認識がある。たとえば，1社時代に採用された人材が中核を担っていたときには，「同期」や「同じ釜の飯を食っていた」という意識に基づく人的なつながりによってグループ内の事業の調整が有効に機能していた。それに対し，1999年以降に各事業会社に採用された社員は他の事業会社の事業内容や社員をお互いに知らないまま事業を行い，一体感が明らかに薄れてきた。さらに，以前はまったくの国内企業であったが，国内市場が縮小するなかでグローバルな事業展開が求められるようになり，海外企業の買収も進められてきた。そこでは，グローバル人材の育成がグループとしての喫緊の経営課題となっている。

　NTTグループでは，従業員のクラスとして「一般職―係長クラス―課長ク

　21　たとえば，携帯電話事業において，固定通信とモバイル通信を一緒に販売することで割引を行うといった，競争企業に許される事柄がNTTグループには許されないというイコールフィッティングの問題や，そのなかでのシェアの低下といった経営上の課題が強く認識されるようになった。

　22　事業の成否は株価に反映するためにシェアホルダーの期待に応えなければならないという点で，全体最適を目指すこと自体はこれまでも不変であり，市場や市場に対するポジションの変化に伴って，全体最適を達成する方法やシナリオが変わってきたと認識されている。

ラス―部長クラス―役員クラス」という順になっているが，役員クラスの人事の決定は，各事業会社の人事部だけでなく，NTTHDが関与する。近年では，出向を通じた人材交流と人材育成を従前以上に積極的に行うようになっている。事業会社が外部に出したがらないハイパフォーマーについても出向が行われ，キャリアパスとして持株会社を経験させる，事業会社内でも現業部門と経営企画部門（スタッフ部門）の両方を経験させるなど，将来に向けたキャリア・デベロップメント・プログラムに真摯に努めている。また，若手社員についても，各事業会社の人事部が早い段階（概ね係長クラスへの昇格前後）から人材育成を目的とした出向を行っている。なお，業績評価・報酬制度についての基本的な部分は各事業会社に任されているが[23]，1社時代を参考に制度設計されている場合がほとんどであるため，各社で極端な違いはない。出向社員がさまざまな会社に行くにあたって，業績評価・報酬制度の基本構造が各社でさほど変わらないことは有利に働いている。

これらはいずれも，人的資産の管理施策を企業グループの単位で実施することの第1の利点「人材を機動的に配置することによる人的資産の有効活用」に向けた取組み事例と位置づけられる。

また，グループ会社をまたがる交流型の研修も近年積極的に行われるようになっている。若手（20代後半から30代前半）同士，中堅クラス同士，役員クラス同士[24]による，ディスカッション，ワークショップを通じた事業の相互理解を図っている。そこでは，役員等会社幹部による講話，日常業務についての情報共有，それらを通じた理念共有が図られ，グループやグループ内事業会社への理解から企業グループとしての求心力（仲間意識）が醸成される。たとえば，半年から1年にまたがる研修では同期意識が見られるなど，研修効果が明確に認識されている。また，先述した，若手社員の早い段階からの出向も，グループ意識の醸成に役立っていると思われる。さらに，買収した海外企業については，人脈の構築とNTTHDおよびそのトップ・マネジメントについての理解を深める取組みを行っている。

---

23 制度の変更にあたっては，NTTHDに事前に相談する必要がある。
24 役員クラス同士の交流型研修は以前より実施されている。

第2章　企業グループ・マネジメントにおける人的資産管理の全体最適とグループ価値向上　**33**

　これらは，人的資産の管理施策を企業グループの単位で実施することの第2の利点「企業グループ意識の醸成」に向けた取組み事例と位置づけられる。

　なお，教育研修を担当するグループ会社が，事業収益を期待されるシェアードサービス会社であるエヌ・ティ・ティ ラーニングシステムズ株式会社および株式会社エヌ・ティ・ティ・データ・ユニバーシティである。グループ会社での研修業務の受注は，上記したグループ内のシェアードサービス会社とグループ外部の会社とで自由競争で行われる。しかし，実績として，グループ求心力を高めるような研修については基本的にシェアードサービス会社が担当している。研修はグループ経営の推進に向けてグループ会社の人事部と協議を行いながら，場合によってはNTTHDが主導して実施されるが，そこではシェアードサービス会社側にもさまざまな付加価値提案が期待されている。

　これらは，人的資産の管理施策を企業グループの単位で実施することの第3の利点「人的資産の管理施策の実施の効率性・効果性向上」に向けた取組み事例と位置づけられる。

　このように，NTTグループでは，政治的・社会的背景もあった分社化から，厳しさを増した事業環境，さらにはグローバルな事業展開の必要性といった，純粋持株会社制採用以降の変化に対応するべく，出向による有機的な人材配置，それを通じた人材育成，企業グループ意識の醸成を目指した国内・海外を含めた人材交流や研修などにより，人的資産の管理においてグループとしての新たな全体最適を強く目指していることがわかる。

Ⅶ　おわりに

　本章では，人的資産の管理とそれを通じた企業グループ価値の向上に向けて，企業グループの全体最適と事業会社の部分最適との整合をどのように取っていくかについて，人的資産の管理に焦点をあてて考察した。

　分社化と純粋持株会社制への移行によっては，新たな組織形態の下での新たな全体最適に向けたマネジメントの必要性が生じると考えられる。人的資産の管理においては，採用や教育訓練，異動，業績評価・報酬制度の設計などの一部をグループ単位で行うことで，グループとしての全体最適を目指していくと

いう研究仮説を設定した。その上で，人的資産の管理に関する諸施策を企業グループの単位で実施することの3つの利点，①人材を機動的に配置することによる人的資産の有効活用，②企業グループ意識の醸成，③人的資産の管理施策の実施の効率性・効果性向上に向けて，どのような取組みが行われているかについて，大規模企業グループに対するインタビュー調査に基づいて検討した。企業事例からは，グループ経営における新たな課題に対応するべく，上記3つの利点に向けてグループ単位での人的資産の管理に積極的に取り組んでいることが観察された。

　純粋持株会社制への移行には分社型と統合型の大きく2つのタイプが存在するが，本章ではその問題意識から分社型に焦点を絞って考察した。統合型の純粋持株会社化における新たなマネジメントの必要性についての検討は，本章での残された研究課題である。

● 参考文献

伊藤秀史・林田修．1996．「企業の境界―分社化と権限委譲―」．伊藤秀史編『日本の企業システム』東京大学出版会：153-181.

戎野淑子・呉学殊・佐藤厚．2008．「労使関係からみた組織再編をめぐる現状と課題」『日本労働研究雑誌』570：48-59.

小本恵照．2005．「純粋持株会社への移行の動機」『年報 経営分析研究』21：47-55.

下谷政弘．2006．『持株会社の時代―日本の企業結合―』有斐閣.

下谷政弘．2009．『持株会社と日本経済』岩波書店.

園田智昭．2005．「持株会社による企業グループ管理の課題―特にシェアードサービスの導入について―」『三田商学研究』48(1)：127-136.

園田智昭．2006a．『シェアードサービスの管理会計』中央経済社.

園田智昭．2006b．「純粋持株会社の業績管理」．十川廣國・榊原研互・高橋美樹・今口忠政・園田智昭『慶應経営学叢書 第1巻 イノベーションと事業再構築』慶應義塾大学出版会：137-159.

園田智昭．2008．「純粋持株会社体制下の企業グループに関する管理会計上の諸問題―特に純粋持株会社自体の課題について―」『會計』174(1)：16-30.

田中隆雄．2004．「企業再生のための経営統合と持株会社」．田中隆雄・高橋邦丸編著『グループ経営の管理会計』同文舘出版：21-37.

團泰雄. 2004. 「企業グループにおける処遇・教育訓練機会の企業間格差―その意味と近年の変化―」『商経学叢』（近畿大学）51(2):45-65.

團泰雄. 2010. 「グループ経営の展開と出向・転籍―A社グループのケース―」『商経学叢』（近畿大学）56(3):587-606.

塘誠・頼誠・浅田孝幸. 2011. 「純粋持株会社制における人事・資本コントロール」『産業經理』71(1):27-36.

日本電信電話株式会社. 2013a. 『NTT アニュアルレポート 2013』.

日本電信電話株式会社. 2013b. 『NTTグループ CSR報告書 2013』.

三菱UFJリサーチ＆コンサルティング 組織人事戦略部編著. 2010. 『企業再編におけるグループ人材マネジメント』中央経済社.

横田絵理. 2006. 「NECの自律的組織と全体統合のためのマネジメントコントロール（事例研究）」. 門田安弘・浜田和樹編著『企業価値重視のグループ経営』税務経理協会:71-82.

『賃金実務』. 2001年11月1日号（No.891）. 産労総合研究所.

『労政時報』. 第3665号. 労務行政研究所.

（内山哲彦）

第3章 経営統合プロセスにおける企業グループ・マネジメントの進展とグループ全体最適

Ⅰ　はじめに

　近年，経営環境の厳しさが増すなか，多くの企業が経営統合により競争力の強化を図っている。経営統合の初期段階として，統合する企業の上部に純粋持株会社を設置してグループ化を図る企業が存在する。また，その後の段階として，純粋持株会社を廃止して1つの事業（持株）会社へと組織を変化させる企業も存在する。

　本章では，経営統合のプロセスにおける企業グループ・マネジメントに焦点をあて，純粋持株会社の設置，さらにはその廃止（事業持株会社化），それぞれにおける長所と課題，およびそこでの新たなマネジメントへの取組みについて，インタビュー調査を交えて考察する。

　なお，本章における経営統合とは，別々の企業であった複数の企業が，それらを母体として新たな企業または企業グループを形成し，協力的・一体的に事業活動を遂行することを意図する経営実務を指す。

Ⅱ　問題意識と研究仮説

　第2章において述べたように，純粋持株会社制への移行には，その機能から見て，「分社型（組織再編型・分社子会社管理型）」と「統合型（業界再編型・合併代替型）」の大きく2つのタイプが存在する（下谷, 2006, p.110, p.145；2009, pp.136-142)。第2章では，企業グループ価値の向上に向けて，企業グループの全体最適と事業会社の部分最適との整合をどのようにとっていくかについて，人的資産の管理に焦点をあてて考察したが，その際，分社型の純粋持株会社制に焦点を絞って考察した。そのため，統合型の純粋持株会社制における新たなマネジメントの必要性についての検討は残された研究課題であった。

　純粋持株会社制については，その解禁に向けた当初の議論において，大企業同士の合併の代替（あるいは促進）手段としてのみ，その必要性が説かれた（下谷，2009，p.67）。実際に，1997年の解禁以降，純粋持株会社の設置とそれを利用した経営統合，グループ経営の推進が多くの企業グループにおいて行われた。そして，そこでは，純粋持株会社制への移行の後に，次の段階として，傘下の事業と組織の内部再編が行われることが多い。

　また，これらの企業グループのなかには，経営統合のさらなる段階として，純粋持株会社を廃止して，1つの事業（持株）会社へと，さらなる経営統合を行う企業グループも存在する[1]。すなわち，そのような企業グループでは，経営統合の段階として，①純粋持株会社の設置（傘下企業の配置），②傘下事業・組織の再編，③純粋持株会社の廃止（事業持株会社化）という一連の経営統合プロセスが見出される。その過程においては，企業グループとしての全体最適を目指して，それぞれの組織形態についての長所と課題の検討が行われていると考えられる。

　このような検討事項のなかには，当然に人的資産に関するものも含まれ，ときにそれがもっとも重要な検討事項になりうる。上記した3段階による経営統合のプロセスについて，企業グループとしての全体最適を意図した，人的資産に関する事項をはじめとする，組織形態の長所と課題の検討，ならびに新たなマネジメントへの取組みが，経営統合プロセスにおける変容を決定づけていくと考えられる。これが，本章での研究仮説である。

1　ただし，事業（持株）会社制への移行が，すべての企業グループにおいて最善の経営統合形態であるとは限らないことは，注意を要する。

Ⅲ 純粋持株会社の設置と廃止を伴う経営統合プロセス

　経営統合の目的は，複数の企業組織を統合することで，より協力的・一体的に事業活動を遂行し，他企業に対して競争力の強化を図ることである。経営統合の代表的な方法の1つは，直接的な合併である。いま1つの代表的な方法は，統合する企業の上部に純粋持株会社を設置してグループ化を図るものである。

　後者の経営統合のプロセスは，第1段階として，①純粋持株会社の設置（傘下企業の配置），そしてほとんどの場合には，第2段階として，②傘下事業・組織の再編にいたる。ここで，企業グループにより，2つの実務が観察される。1つは，純粋持株会社制を維持するものである。いま1つは，第3段階として，③純粋持株会社の廃止（事業持株会社化）を行うものである。以下では，上記3つの段階における組織形態の下での長所と課題について検討する。

1 純粋持株会社の設置と傘下企業の配置（統合型の純粋持株会社化の第1段階）

　持株会社による経営統合のケースは，そのほとんどが同業種企業による水平的な統合である（下谷，2009，pp.211-212）[2]とされる。**図表3－1**は，別々の企業であったA社とB社とが，純粋持株会社を設置して企業グループを形成し，一体的な経営を行う組織形態を模式化したものである。その際，採用や教育訓練をはじめとする人事制度は，A社やB社などそれぞれの企業単位において設定・運用される。

　このような組織形態を採ることには，次のような長所が存在する。第1に，上述のように，持株会社による経営統合のケースのほとんどは同業種企業によ

　2　1997年の持株会社の解禁において，公正取引委員会により，持株会社の「禁止三類型」，すなわち，①旧財閥のような企業集団，②大規模金融機関を持つ場合，③相互に関連のある有力企業を持つ場合が示され，事業支配力が過度に集中することになる持株会社は引き続き設立が禁止されたものの，事業支配力が過度に集中することになる可能性がもっとも高い，同業種企業による水平的な経営統合が「禁止三類型」には含まれなかった。このことについて，下谷（2006）第3章で詳細な検討が行われている。

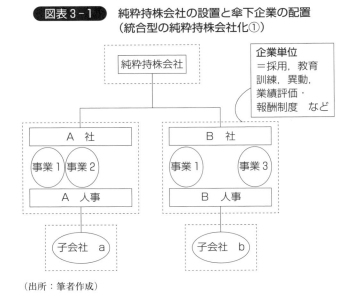

図表3-1　純粋持株会社の設置と傘下企業の配置
（統合型の純粋持株会社化①）

（出所：筆者作成）

る水平的な統合であることから，何よりも企業規模の拡大によるメリット（たとえば，シェアランキングの向上）を享受することができる。第2に，同業種の企業同士の経営統合であっても，それぞれの企業が得意とする業務や市場，商品・サービスなどが異なる場合には，または関連する異業種の企業同士の経営統合の場合には，そこに機能の補完を通じたシナジーの獲得が可能となる。以上の2点は，直接的な合併によって経営統合を行う場合にも獲得することができる長所である。

　純粋持株会社制による経営統合の場合には，さらなる長所として以下のものがあげられる。すなわち，第3に，持株会社を設立することによる緩やかな統合を行うことで，当事者間での「対等性」や「メンツ」への配慮ができる（下谷，2009, p.230）。第4に，人事制度をはじめとする諸制度の統合について，統一化までの時間的猶予を得ることが可能となる。第5に，統合する一方の企業の影響（特に悪い影響）が，他方の企業やグループ全体に及ぶことを回避する「ファイヤーウォール機能」がある。

　その一方で，このような組織形態の下では，次のような課題が存在する。す

なわち，純粋持株会社の設置による経営統合の後に，企業グループ内で人事制度をはじめとする諸制度の統一化を図る場合，新たな制度設計を行う必要がある。また，そのような諸制度の統一化を行わない場合には，1つの企業グループのなかに複数の制度が並存する状態が続くことで，制度の運用にあたって二重のコストが生じる。いずれの場合でも，統合型の純粋持株会社化においては，企業グループの全体最適に向けて，グループとしての一体化を図る必要があり，そのための新たなマネジメントの必要性が生じると考えられる。

2 純粋持株会社の下での事業・組織の再編（統合型の純粋持株会社化の第2段階）

先述のように，純粋持株会社制への移行には，その機能から見て，分社型（組織再編型・分社子会社管理型）と統合型（業界再編型・合併代替型）の大きく2つのタイプが存在する。しかしながら，統合型の純粋持株会社化の場合でも，1つの持株会社の下に収まった後に，次のステップとして持株会社の下で傘下事業・組織の内部再編が行われるのが普通である（下谷，2009，p.142）とされる。

図表3-2は，純粋持株会社の傘下にあったA社とB社が有していた各事業（図表3-1の事業1はA社とB社とで重複していたと仮定）を整理することで，新たに，事業1を行う事業会社Ⅰ，事業2を行う事業会社Ⅱ，事業3を行う事業会社Ⅲが設立され，併せて，A社とB社の間接業務や共通業務を担うシェアードサービス会社（SS会社）が設立[3]された組織形態を模式化したものである。その際，採用や教育訓練をはじめとする人事制度は，事業会社Ⅰなどそれぞれの企業単位において設定・運用されるとともに，その一部は，企業グループ（あるいはグループ内の一部の企業群）単位で設定・運用される。

3　園田（2011，pp.104-105）では，企業統合後の間接業務に関するシステムや制度，業務処理プロセスなどの統合を実施する組織としてシェアードサービスセンターが適していることや，企業統合時に純粋持株会社を頂点とした組織を作る場合には，そのようなシェアードサービスセンターの組織形態として，シェアードサービス会社が設立されることが多いことが述べられている。また，企業統合後の親会社を純粋持株会社とする場合には，多機能型で大規模なシェアードサービス会社が設立される可能性が高いこと，さらに，そのような場合には，統合企業同士の組織文化の融合も目指されることが指摘されている。

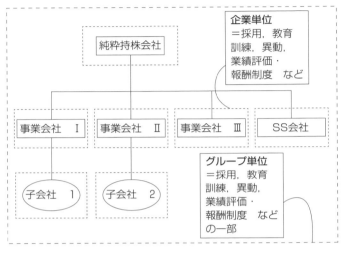

図表3-2 純粋持株会社の下での事業・組織の再編
（統合型の純粋持株会社化②）

（出所：筆者作成）

　このような組織形態の下では，前述した，純粋持株会社の設置による経営統合での長所に加えて，第2章において指摘したように，事業会社への分権化の程度が大きい，事業会社ごとの収益性責任の明確度が高い，組織の結合や切り離しが容易かつ無限に行うことができる，組織のスリム化（小さな本社）の追求が可能であるといった長所が存在する。

　その一方で，このような組織形態の下では，第2章において指摘したように，組織の壁が大きくなりシナジーを得にくい，人的資産をはじめ経営資源をグループ内で機動的に配置することが難しい，企業理念・経営理念の共有・浸透がグループ単位では難しいといった課題が存在する。これらは，事業会社をはじめとするグループ内組織の自律的・主体的な経営活動を促進することの負の側面でもある。そこでは，たとえば，採用や教育訓練，異動といった人事制度（の一部）をグループ単位で設計・運用する（統一化する）など，グループとしての全体最適・一体化に向けた，さらなるマネジメントの必要性が生じると考えられる。

3　純粋持株会社の廃止と組織の再々編（事業持株会社化）

　経営統合にあたり，直接的な合併を行わず，代わって純粋持株会社を設置してグループ化を図った場合，企業によっては，経営統合の第3の段階として，純粋持株会社を廃止して事業持株会社化することで，最終的に直接的な合併と同じ状態にいたる[4]。

　図表3-3は，純粋持株会社を廃止するとともに，純粋持株会社の傘下にあった事業会社Ⅰ，事業会社Ⅱ，事業会社Ⅲが，それぞれ，事業1を行う事業部Ⅰ，事業2を行う事業部Ⅱ，事業3を行う事業部Ⅲとなり，併せて，間接業務や共通業務を担うシェアードサービス会社が本社部門の一部となって，これらすべてが1つの事業（持株）会社に包摂された組織形態を模式化したものである。その際，採用や教育訓練をはじめとする人事制度は，新たな事業（持株）

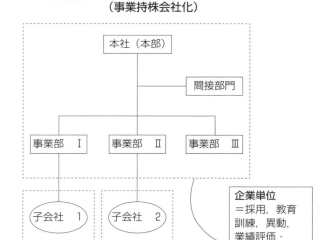

図表3-3　純粋持株会社の廃止と組織の再々編
（事業持株会社化）

（出所：筆者作成）

4　田中（2004, p.30）は，歴史的な考察から，持株会社の傘下に複数の事業会社を包摂する企業形態は，金融持株会社のような特殊なものを除いて，一般的には統合企業にいたる過渡的な形態であるとする。

会社の企業単位において設定・運用される。

このような組織形態の下では，第2章において指摘したように，事業部間に存在する組織の壁が事業会社間に存在する組織の壁に比して相対的に小さい，事業部間での経営資源の機動的な配置が事業会社間での経営資源の配置に比して相対的に容易である，企業理念・経営理念の共有・浸透が1つの事業会社の単位では相対的に容易であるといった長所が存在する。これらの長所は，直接的な合併による経営統合を行った場合にも享受することができる。ただし，純粋持株会社制による経営統合を行った場合には，先述の経営統合のプロセスの第2段階を経ることによって，事業の整理や組織の整理・統合をよりスムーズに行うことができ，また，最適な収益性責任区分を見出しやすい。

その一方で，このような組織形態には，第2章において指摘したように，事業組織への分権化の程度が小さい，事業組織ごとの収益性責任の明確度が低い，組織の結合・切り離しが困難かつ制限的である，組織のスリム化（小さな本社）が困難であるといった課題が存在する。これらは，1つの事業（持株）会社として集権的・一体的な経営活動を促進することの負の側面でもある。そこでは，たとえば，事業単位での収益性責任を明確にして競争力の向上を図るなど，グループとしての新たな全体最適に向けたマネジメントの必要性が生じると考えられる。

Ⅳ 企業事例

統合型の純粋持株会社の設置，さらにはその廃止を通じた，経営統合のプロセスとグループ全体最適に向けたマネジメントへの取組みについて，企業事例を検討する。①純粋持株会社の設置（傘下企業の配置），②傘下事業・組織の再編，③純粋持株会社の廃止（事業持株会社化）という一連の経営統合プロセスにおいて，企業グループとしての全体最適を目指して，それぞれの組織形態の下でどのような長所と課題，ならびに新たなマネジメントへの取組みが見出されるかについて，マルハニチロ株式会社（マルハニチログループ）の事例を検討する[5]。

1 マルハニチロ株式会社の概要

　マルハニチログループは，マルハニチロ株式会社（以下，マルハニチロ）を中心とした企業グループである。マルハニチロは，1880年創業のマルハと1907年創業のニチロを母体とし，2014年4月1日に，株式会社マルハニチロホールディングス（以下，MNホールディングス），株式会社マルハニチロ水産（以下，MN水産），株式会社マルハニチロ食品（以下，MN食品），株式会社マルハニチロ畜産（以下，MN畜産），株式会社マルハニチロマネジメント（以下，MNマネジメント），株式会社アクリフーズ（以下，アクリフーズ）の6社が統合されて，事業持株会社として誕生した。連結子会社数83社，グループ会社数168社（国内78社，海外90社）（2015年6月），社員数約1,870名（2015年4月），連結売上高8,638億円，連結営業利益87億円（2015年3月期）で[6,7]，日本最大の水産関連企業である。

　マルハニチログループは，2007年10月に，株式会社マルハグループ本社（以下，マルハグループ本社）と株式会社ニチロ（以下，ニチロ）が，MNホールディングスを設立することで経営統合して誕生した。このことから，マルハニチログループにおける純粋持株会社化は統合型に位置づけられる。2008年4月には，ホールディングス傘下の企業・事業を再編して，MN水産，MN食品，MN畜産，株式会社マルハニチロ物流（以下，MN物流）の4つの主要事業会社と，共通機能会社であるMNマネジメントによる新たな企業グループ体制に変更している。さらに，2014年4月に，純粋持株会社を廃止するとともに，主要事業会社を統合して事業持株会社制に移行している。

　以下では，マルハニチログループにおける，①純粋持株会社の設置（傘下企

5　マルハニチロ株式会社におけるグループ経営について，2015年5月8日に，マルハニチロ企業年金基金 常務理事兼事務長 御座勉氏に，同年5月12日に，マルハニチロ株式会社 人事部部長 阿部富寿夫氏と，御座勉氏にインタビューを行った。インタビューの時間はそれぞれ1時間半程であり，インタビューの形式は半構造化インタビューである。長時間にわたりお話をうかがった両氏にあらためて深く御礼申し上げる。

6　以上，同社資料による。

7　インタビューを実施した2015年の情報を記載している。

業の配置），②傘下事業・組織の再編，③純粋持株会社の廃止（事業持株会社化）
という一連の経営統合プロセスについて検討する。

2　純粋持株会社の設置と傘下企業の配置（統合型の純粋持株会社化の第1段階）

(1)　新たな組織形態と制度

　2007年10月1日に，純粋持株会社としてMNホールディングスが設置され，
マルハグループ本社とニチロが経営統合した[8]。組織としては，純粋持株会社
であるマルハグループ本社がMNホールディングスになるとともに，その傘下
に，マルハ株式会社（以下，マルハ）とニチロが配置された。両社は上場を廃
止し，個社としては2008年3月31日まで存続した（図表3-4）。

　経営統合にあたり，純粋持株会社制が採用された理由の1つとして，もとも
とマルハに純粋持株会社があり，それを新たな企業グループの純粋持株会社と
して利用することが可能であったことがある。この段階においては，人事制度
をはじめとする，マルハとニチロの諸制度の統一化は行われていない[9]。純粋
持株会社を利用することで，さまざまな手続・考慮が必要となる経営統合の初
期にあたり，グループ内企業を純粋持株会社の下に配置した上で，あらためて
諸制度の統一化を図ることが可能となった。

　なお，当初より，経営統合の最終形態についての議論・検討は行われていた
と思われるが，この時点において，将来において純粋持株会社を廃止して事業
持株会社制へ移行することは，明確には企画されていなかったものと思われる。

(2)　長所と課題

　この経営統合により，企業グループとして競争優位のさらなる獲得が可能と

　8　ニチロとの経営統合の前の2004年4月1日より，マルハグループは純粋持株会社制
　　を採用している。純粋持株会社の傘下に，事業会社のマルハ株式会社，人事機能全般
　　を担うシェアードサービス会社である株式会社マルハ・ヒューマンアシスト，株式会
　　社マルハ物流ネット，その他子会社が置かれた。一方，経営統合当時，ニチロは事業
　　持株会社である。
　9　子会社はもともと別制度である。

第3章 経営統合プロセスにおける企業グループ・マネジメントの進展とグループ全体最適　47

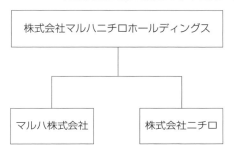

図表3-4　マルハニチログループにおける純粋持株会社の設置と傘下企業の配置

(出所：御座, 2010, p.42, 図表1の一部)

なった。具体的には，「両社の統合は，水産物のグローバルな調達や商事に強みを持つマルハグループと，食品の開発，製造に強みを持つニチログループが一体となることで，規模の拡大と機能の相互補完を行いながら，生産や販売体制の更なる効率化を実現するものである。また，両社の優位性を最大限発揮することによって，開発から調達・製造加工・販売・物流保管までの一貫体制（サプライチェーン）をより強固なものとし，多様化する顧客ニーズに応える魅力的な商品提供を可能とする。加えて，両社の強みとする分野には重複部分があまりないことから，充実した商品ラインナップを構築できるものと考えられていた。」(御座, 2010, p.41)。

　純粋持株会社制を採用することには，他の企業（企業グループ）を結合することが容易になるという長所が指摘される。しかし，マルハニチログループの場合，子会社の数が多く，また類似する子会社も多かったことから子会社の統合が進められてきたものの[10]，基本的にグループのさらなる拡大の動きはほとんど見られない。

　このように，マルハニチログループでは，純粋持株会社の設置と傘下企業の配置において，グループとしての企業規模の拡大のみならず，シナジーの獲得

　10　このような子会社や関連会社の統合は，純粋持株会社制でも事業持株会社制でも同じように可能であったと認識されている。

も考慮されていた[11]。また，グループ内企業を統合し，あらためて段階的に諸制度の統一化を図るというプロセスを経ることを可能にしているという点で，純粋持株会社制の長所が見出される。中核事業会社の正社員については，制度統一を図ることを明確に意図していたため，統合プロセスの次の段階において，諸制度の統一化に努めることとなった。

3 純粋持株会社の下での事業・組織の再編（統合型の純粋持株会社化の第2段階）

(1) 新たな組織形態と制度

2008年4月1日に，MNホールディングスの下，もとのマルハグループとニチログループ内の各組織を事業別に再編することで，MN水産（マルハを母体に，マルハとニチロの水産関連の部署を統合），MN食品（ニチロを母体に，マルハとニチロの冷凍食品などの部署を統合），MN畜産，MN物流の4つの主要事業会社と，共通機能会社であるMNマネジメントによる新たな企業グループ体制が構築された（図表3-5）。

なお，MNマネジメントは，他企業で多く見られるようなシェアードサービス会社とは異なっている。もともとマルハには，大洋ライフプランという，大洋漁業の福利厚生を主に担当するシェアードサービスの子会社があり，2004年にマルハが純粋持株会社制に移行した際に，給与計算だけでなく人事機能をすべて担う会社として株式会社マルハ・ヒューマンアシストが設立された。そのような経緯から，マルハニチログループにおいても，MNホールディングスには実質的な人事機能が存在せず，採用，教育訓練，異動，業績評価・報酬制度の設計・運用までを，共通機能会社であるMNマネジメントが担当する形がとられた。具体的には，MNホールディングスの総務人事担当部長が採用や研修，

---

11 統合する企業どうしの強みが異なることは，シナジーの獲得にとっては有利であるものの，統合の初期において，社内の融合という点では必ずしも有利に作用するとは限らない。マルハは水産商事が強かったため，水産会社や水産事業部門の管理職は結果的に旧マルハの社員が多くなり，逆に，ニチロは冷凍食品などが強かったため，食品会社の管理職は結果的に旧ニチロの社員が多くなった。ただし，経営統合後の時間の経過とともに，そのような区分はなくなっていった。

第3章　経営統合プロセスにおける企業グループ・マネジメントの進展とグループ全体最適　49

図表3-5 マルハニチログループにおける純粋持株会社の下での事業・組織の再編

（出所：御座, 2010, p.42, 図表1をもとに筆者作成）

異動，評価などの権限を持つとともに，当該担当部長がMNマネジメントの総務人事部長を兼任して，採用や研修，異動，評価などを実施するという，MNホールディングスの指示の下，MNマネジメントが実行する体制が採られた。これらは，人事機能だけでなく経理機能や財務機能についても同様である。したがって，MNホールディングスには，本部機能として主に経営企画関連機能と研究開発機能だけが残ることとなった。

　この時点で，原則的には，旧マルハの社員はMN水産籍として，旧ニチロの社員はMN食品籍として，それぞれ原籍を持つこととなった。その上で，MNホールディングス，MN畜産，MNマネジメントへは，両原籍の社員が出向する形をとった[12,13]。当然に，MN水産籍社員がMN食品へも，逆にMN食品籍社員がMN水産へも，それぞれ出向する。また，2008年4月入社の新入社員（約50名）はMNホールディングス籍となり，入社と同時に各事業会社に出向する形をとった[14]。以後，新入社員は，同様の採用・出向の形態を維持すること

12　純粋持株会社であるマルハグループ本社も，事業会社のマルハからの出向社員によって構成されていた。
13　MN物流は，それ以前より独立性を維持した企業であったため，大幅な要員の異動等は行われていない。また，人事制度も統一されていない。
14　採用の際に，そのことが明記されている。

なった[15]。このような制度が採用された理由として，各事業会社で採用するよりも，上場会社であるMNホールディングスというブランドを活用することで採用を行いやすくすること，採用活動の効率性を高めることといった意図もある。

　2008年4月以降，賃金制度，評価制度，教育研修制度といった諸制度も統一化されていった。2008年4月に，人事制度は役割等級制に統一された。制度の統一の際には，まったく新しい制度を作るのではなく，マルハかニチロのどちらかに合わせる形がとられた。たとえば，賃金制度は2009年に統一されたが，その際，マルハの方が役割等級制を採用していたことにより，マルハの賃金体系に一旦合わせることとなった[16]。経営統合にあたり，人事制度などをあえて統一化しない（複数の制度を並存させる）方法もあるが，マルハニチログループでは，統合の過程においてそのような検討はなされておらず，統一化へのマネジメントに注力している。

(2) 新たな課題

　しかしながら，旧マルハの社員と旧ニチロの社員はMN水産籍とMN食品籍，そして新入社員はMNホールディングス籍という3つの原籍が並存し，それら社員が純粋持株会社と各事業会社に相互出向するしくみは，以下の点で人事制度上の課題として認識されるようになった。第1に，3種類の原籍を持つ社員の相互出向が定期人事異動のたびに行われ，出向関係が年を経るにつれて複雑になっていった。第2に，社員の異動のたびに，出向の解除と出向契約の締結が必要であり，人事上手続が煩雑になった。第3に，その手続に障害も生じるようになった。というのも，先述のとおり，マルハニチログループでは，人事機能がシェアードサービス会社に全面的に移管されていたため，人事異動を持株会社ではなく，その傘下の共通機能会社が実質的に実施していた。そのため，

15　一部，MNホールディングス籍として採用後，そのままMNホールディングスで業務を行う（出向にならない）社員も存在する。

16　一方，年金制度はニチロに片寄せし，ニチロ年金基金が2012年4月に代行返上し，同年5月にマルハニチロ企業年金基金へ権利義務を移転している。

第3章　経営統合プロセスにおける企業グループ・マネジメントの進展とグループ全体最適 ▎ *51*

　たとえば，それぞれの事業会社の社長が優秀な人材を囲い込むといった，グループとしての全体最適が必ずしも十分には達成できない状況の出現が否定できなくなった。

　さらに，人事制度上の課題に加えて，出向に伴う人件費などの費用計算（出向料の清算）も複雑であった。たとえば，MN水産籍の社員がMNホールディングスに出向していると，まずMN水産からMNホールディングスに請求書を発行し，MNホールディングスはMN水産に出向料を振り込む。1つの企業であれば振替伝票を1枚作成することで済むが，別会社であることから上記のような手続が必要となり，これを3つの原籍について行わなければならない。賞与についても，出向先の在籍期間に応じて，月割りで按分計算する必要がある。

　純粋持株会社制が採られたことに伴う課題として，会社が細かく分かれたことにより，ガバナンスが効きにくくなってきたということもあげられる。事業会社の独立性を確保し，収益性責任を持たせるという点では良かったものの，大幅な権限委譲に伴って，各事業会社で行われるさまざまな経営判断の報告が事後的に行われるといったことが進んだ。また，社内の問題だけでなく，社外からもわかりづらい経営体制になっていた。たとえば，海外から取引先が来た場合に，その会社が水産物も加工食品も扱っていると，「マルハニチロの社長にお会いしたい」という要請に対して，MNホールディングス，MN水産，MN食品の3名の社長が対応することになる。

　このように，マルハニチログループでは，純粋持株会社の下での事業・組織の再編において，事業内容ごとの事業会社の設置とそこへの分権化，純粋持株会社（本部）としての機能の一部を担うシェアードサービス会社を活用した，組織のスリム化（小さな本社）という，純粋持株会社制の長所が見出される。一方で，組織の壁が大きくなる，人的資産をはじめとする経営資源の機動的な配置が難しくなる，ガバナンスが効きにくくなるといった課題も見られるようになった。

（3）　新たなマネジメントへの取組み

　このような純粋持株会社制における課題を解消し，グループとしての全体最適・一体化を目指すさまざまなマネジメントへの取組みが行われた。

まず，マルハニチロとして1つの人事制度ができたことから，MNホールディングス籍として採用された新入社員の研修は全員で行われた。研修のうちの2日間は中核子会社の社員も含めてグループとして一体的に実施して，理念研修などグループとしての研修を行った後，配属された個社でさまざまな研修が行われる。また，グループ子会社だけを対象とした研修プログラムも，MNマネジメントが実施している。

　子会社を含めたグループ会社間での人事交流も行われている。具体的には，主要事業会社からグループ子会社への出向だけでなく，子会社からのいわゆる逆出向も積極的に行われている。

　さらには，グループ会社であるアクリフーズによる農薬混入事件（2013年末）を受けて，食品企業としてのビジョンの確立と浸透に向けて強力に実施された理念研修も，グループとしての一体感の醸成に強く作用したと思われる。事件の経緯とその原因分析および再発防止についての詳細な報告書[17]も作成されている。グループ内では，理念研修が毎年実施され，マルハニチロの役員がパート社員を含めた全社員に理念研修を行っている。具体的には，役員が各事業所を回り，グループ理念の考え方や思いを示し，グループ理念に基づいて社員一人ひとりが自らの仕事を捉えるグループワークを行っている。

　人事部も階層別研修で協力をして，各種の研修のなかで理念研修の場を設け，役員の参加を仰いで，社員へのグループ理念の浸透を図っている。このほか，社員はグループ理念についての小冊子を常に持ち歩くとともに，社内のイントラネットのトップページにはグループ理念が掲載されるなど，近年グループ理念の社員への浸透に大変力を入れている[18]。

17　『マルハニチログループ CSR報告書 2014 特別版』。事件およびそれを受けての取組みについての企業報告書として極めて参考になる。

18　2011年に本社を東京・豊洲に移転しているが，このこともマルハとニチロの融合という点ではプラスに作用したと思われる。経営統合時，マルハの本社にニチロの社員が引っ越す形がとられたが，新本社では新たな場所でのスタートとなり，グループとしての一体感の醸成を促す作用をしたと思われる。

4 純粋持株会社の廃止と組織の再々編（事業持株会社化）

(1) 新たな組織形態と制度

2014年4月1日に，MNホールディングス，MN水産，MN食品，MN畜産，MNマネジメント，アクリフーズが統合し，事業持株会社であるマルハニチロへ商号変更した。すなわち，純粋持株会社を廃止し，事業持株会社制へと移行した。人事機能を担っていたMNマネジメントもマルハニチロの本社部門に包摂された（図表3-6）。

事業持株会社制に移行した理由として，純粋持株会社制の下での分業体制（個社体制）においては，グループとしての一体的な経営が必ずしも十分には機能しなかったことが指摘される。その代表が，前述した，3つの原籍の存在と，それに伴う複雑な出向関係である。

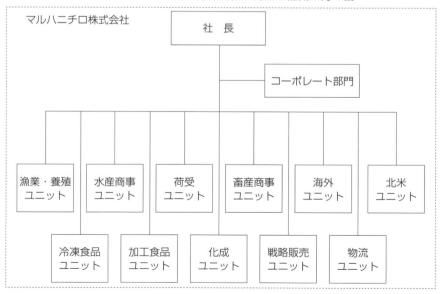

図表3-6　マルハニチログループにおける純粋持株会社の廃止と組織の再々編

（出所：同社資料をもとに筆者作成）

(2) 長所と課題

　事業持株会社化により，上記企業の全社員が上場会社のマルハニチロ籍1つとなった。これにより，純粋持株会社制の下での複雑な出向関係，出向手続にかかわる人事上，経理上のさまざまな課題は一気に解消された。人事異動も1つの事業会社内での異動となることで，人的資産に関する組織の壁も小さくなった。採用も，マルハニチロで採用し，マルハニチロ籍となることでわかりやすい形になった。上場会社であるMNホールディングスに採用後，直ちに非上場会社である各事業会社に出向することもなくなり，社員のモチベーションの点でも改善が見られた。

　なお，事業持株会社制への移行とは直接関係していないものの，新たな人事制度として，それまでの役割等級制からコア能力等級制に変更を行っている。新しい制度では，特に若い世代（組合員）のコア能力を高め，それによって業務遂行能力を高める人材育成に力点が置かれている。コア能力とは，考える力，場を読む力，実務を推し進める力，巻き込む力，情報収集能力などで，12のカテゴリー，72項目について能力を設定し，それを各従業員について評価して昇進・昇格に反映させている。コア能力の内容は，どの業種・事業であっても共通するものとなっているが，社員の等級によって異なる。一方，管理職については，役割等級制を用いて，定義された役割要件（コア能力に近いもの）が実現されたか否かで評価が行われている。

　このように，マルハニチログループでは，純粋持株会社の廃止と組織の再々編（事業持株会社化）を行うことで，組織の壁が小さくなる，人的資産をはじめとする経営資源の機動的な配置が容易になるといった，事業持株会社制の長所が見出される。また，社員の意識やモチベーションの点でも，事業持株会社制への移行によってさらなる経営統合を実現したことによる長所が見出される。さらに，事業持株会社制への移行と前後して鋭意努められているグループ理念の浸透についても，主要事業会社が1つになったことは，理念研修の実施の効果にとってプラスに作用すると考えられる。一方，分権化の程度が小さくなる，収益性責任の明確度が低下するという課題に対しては，次に取り上げる，ユニット制の採用という新たなマネジメントが効果をもたらすと期待される。

第3章　経営統合プロセスにおける企業グループ・マネジメントの進展とグループ全体最適 ▌ 55

(3)　新たなマネジメントへの取組み

　事業持株会社制への移行に伴う大きな変化として，新たにユニット制が採用されたことがあげられる。具体的には，グループを11のユニットに再編成した。マルハニチログループにおいてユニットは，マルハニチログループという，子会社などを含めた大きな企業グループのなかの「ひとくくり」を指す。マルハニチロの収益事業部署はいずれかのユニットに所属しており，また，ユニットの内部には，マルハニチロの事業部門だけでなく，関連する子会社なども含まれる。ユニット制は，子会社などを含めたグループとしての企業統治の姿とされている。たとえば，荷受ユニットは，その機能としてはマルハニチロ本体にはなく，機能は子会社のみが担っているが，ユニット長はマルハニチロ本社にいて，子会社・関連会社を管理している。そして各ユニットが独立採算で独自の意思決定を行っており，それぞれのユニット長の責任範囲は，当該ユニットに所属する，マルハニチロにある部署と子会社・関連会社とを合わせた全体となる。決算もユニット単位での損益を合算する形で行っている。

　また，約30社の中核グループ子会社について，その役員人事は，基本的に子会社側からボトムアップ式に案が出され，ユニット長の意見も踏まえ，マルハニチロ社長の諮問機関である「関係会社人事委員会」において決定している。これにより，グループ内での部分最適と全体最適とのバランスをとっている。ユニットにより事業内容が異なることから，ユニットごとの人事制度の運用も可能ではあるものの，マルハニチログループでは現時点でそのような方向での制度変更は考えられていない。

　このように，ユニット制の採用により，マルハニチロという事業（持株）会社となっても，権限の委譲と収益性責任の明確化を図り，グループとしての新たな全体最適を強く目指している。

Ⅴ　おわりに

　本章では，経営統合のプロセスにおける企業グループ・マネジメントに焦点をあて，純粋持株会社の設置，さらにはその廃止（事業持株会社化），それぞれにおける長所と課題，およびそこでの新たなマネジメントへの取組みについて

考察した。経営統合の段階として，①純粋持株会社の設置（傘下企業の配置），②傘下事業・組織の再編，③純粋持株会社の廃止（事業持株会社化）という一連の経営統合プロセスを設定し，その過程においては，企業グループとしての全体最適を目指して，それぞれの組織形態についての長所と課題の検討と，新たなマネジメントへの取組みが行われていると考えられる。これらについて，インタビュー調査を交えて考察した。

　経営統合のプロセスにおいて採りうる組織形態である純粋持株会社制，事業持株会社制いずれにおいても，それぞれの長所と課題があり，統合する企業の実情に合った選択がなされていると考えられる。したがって，本章の企業事例のように，すべての企業において純粋持株会社の廃止（事業持株会社化）が志向されるとは，必ずしもいえないであろう。

　経営統合においては，グループとしての全体最適に向けて，組織の統合だけでなく，事業活動を支える各種制度の統合，さらには人の意識や理念の統合（共有・浸透）のすべてが揃う必要がある。その意味で，企業グループ・マネジメントにおける人的資産の管理の重要性は極めて大きいといえる。

● 参考文献

御座勉. 2010. 「マルハニチロの経営統合に伴う人事制度・システムの標準化」『企業会計』62(5):41-47.

下谷政弘. 2006. 『持株会社の時代―日本の企業結合―』有斐閣.

下谷政弘. 2009. 『持株会社と日本経済』岩波書店.

園田智昭. 2011. 「企業統合後の間接業務の標準化について」『會計』179(2):96-107.

田中隆雄. 2004. 「企業再生のための経営統合と持株会社」. 田中隆雄・高橋邦丸編著『グループ経営の管理会計』同文舘出版:21-37.

マルハニチロ株式会社. 2014a. 『CORPORATE PROFILE』.

マルハニチロ株式会社. 2014b. 『マルハニチログループ CSR報告書 2014 特別版』.

（内山哲彦）

純粋持株会社から事業持株会社へ
——遠心力と求心力のバランス

Ⅰ　はじめに

　1997年に純粋持株会社が「私的独占の禁止及び公正取引の確保に関する法律」（以下「独占禁止法」と略）の改正によって解禁になり，2002年度には連結納税が導入されたことで，純粋持株会社は企業統治の1つの方法として選択されるようになった。企業がグループ経営を行う際，以前からのカンパニー制のような社内会社や事業持株会社に加え，純粋持株会社も選択可能となり，企業のグループ経営の選択肢が増えた。企業グループの本社に「ホールディングス」の名を冠する企業が目立つようになったのも今世紀に入ってからである。
　ではグループ経営にとって純粋持株会社と事業持株会社ではどのような違いがあるのか。本章では両持株会社形態の全体最適と部分最適を整合するために，マネジメント・コントロールはどのような違いがあるのかを事例から探索的に考察する。

Ⅱ　純粋持株会社と事業持株会社[1]

　純粋持株会社とは，事業を行わず他社の事業活動を株式所有により支配する

1　純粋持株会社と事業持株会社については，第2章，第3章も参照のこと。

ことを主たる事業とする持株会社である。一方、事業持株会社は他社の株式を保有する持株会社であり、かつ何らかの事業を行っている持株会社である（浦野, 2014）。

　グループ経営という視点で両者を比較すると、伊藤（1999）によれば、独占禁止法改正以前の事業会社によるグループ経営は、親会社の利益の最大化を図る「グループ管理」であったのに対して、純粋持株会社後のグループ経営は、グループ全体の利益最大化を図るものであるとされる。事業持株会社の例として、日立グループ、東芝グループ、ソニーグループなどの企業集団がある。たとえば、日立グループは日立製作所を事業持株会社として、2014年3月末の連結子会社数947社（国内283社、海外664社）である。他方、純粋持株会社の事例としては、比較的早くに純粋持株会社化した企業として、サッポロホールディングス（2003）やメルコホールディングス（2003）などがある。また、金融持株会社も純粋持株会社として構成されている企業が2016年4月1日現在で19グループにおよぶ（金融庁, 2016）。

　純粋持株会社は、子会社の株を保有することが唯一の事業であり、株式所有により子会社を支配する持株会社である。経済産業省が2013年から行っている純粋持株会社実態調査によれば[2]、2012年度末における純粋持株会社数は291社、2013年度末には452社となっている。純粋持株会社となった年別では、1997年以降でみると、2006年が64社、2008年が59社、2007年が48社である[3]。

　浅田・塘（2008）は純粋持株会社の意義として、1）グループ戦略立案と個別事業経営との分離、2）経営者の意識改革、3）個別事業環境に合わせた人事労務政策の採用が可能、4）事業リスクを事業会社別に明確に区分可能、5）事業別の経営規模が最適化できることを挙げている。

　一方、純粋持株会社のデメリットは、グループ会社の権限を変更しにくい、組織を変更しにくい、傘下企業をコントロールしにくい、グループ内の事業間

2　本調査は、わが国の純粋持株会社の活動の実態を明らかにし、純粋持株会社に関する施策の基礎資料を得ることを目的として、日本標準産業分類に掲げる再分類純粋持株会社に属する企業を対象とした全数調査である。

3　http://www.meti.go.jp/stAtistics/tyo/mochikAbu/gAiyo.htmlからhttp://www.meti.go.jp/stAtistics/tyo/mochikAbu/result-2/h26kAkuho/pdf/h26kAkugAiyo.pdf

第4章　純粋持株会社から事業持株会社へ　▎59

連携を具現化しにくい，情報を共有しにくいなどがある（足立ほか，2010）。足立ほかは，純粋持株会社が景気低迷期には弱いと指摘している。

　事業持株会社の場合には，親会社が子会社の株式を保有しながらも，自らも事業を営んでいる。したがって，グループ戦略立案と個別事業経営とが完全に切り離しにくいし，また，事業を営む親会社と傘下の会社とのパワーの違いが大きくなる。グループ全体の業績が親会社の業績に左右されやすいということもある。

　山田（2012）では，持株会社経営が欧米の経営手法を範としているために，日本の経営に合致しない点があることを指摘している。高津（2010）は，日本型持株会社経営の特徴として，企業文化，組織の形成，長期視点での事業育成，およびシナジーの追求をあげている。たとえば，株主を重視し，グループ全体のポートフォリオの最適化でグループ全体の利益最大化をねらうのではなく，他のステークホルダーも見据えたうえで共通のアイデンティティをもっていることの意義を指摘している。

　近年では，純粋持株会社から事業持株会社制に移行する例もある。たとえば，CSKホールディングスは2010年に，富士電機は2011年にそれぞれ純粋持株会社から事業持株会社体制に移行している。理由の1つとして，既存の事業分野をまたいだ展開の必要性が指摘されている。純粋持株会社は従来からの中核事業会社の事業がグループの頂点となっていることが，グループ会社としての課題であると高津（2012）は指摘しており，先のCSKホールディングスや富士電機の場合は，本社の事業を頂点として事業全体によるグループ経営が必要になったという。下谷（2009）によると，たとえばグループ内事業の再編目的のために純粋持株会社を設立し，親会社もその傘下に入ったのちに，グループ内再編に伴って起こるであろう摩擦の最小化を図る事例がある。このような場合，目的が終了すると純粋持株会社を廃止し，事業持株会社に復帰するケースもある（たとえば，現パイロットコーポレーション）。

　次に持株会社のグループ経営について，A社グループの事例により，マネジメント・コントロールの視点からその特徴をつかむことにする。

Ⅲ 事業持株会社と純粋持株会社のグループ経営におけるマネジメント・コントロールの違い

　純粋持株会社におけるグループ経営と，事業持株会社におけるグループ経営との違いについて，マネジメント・コントロールの視点で考察する。

　ここでいうマネジメント・コントロールの視点とは，全体最適と部分最適の統合を実現するしくみを検討するということである。Anthony（1965）で提唱されたマネジメント・コントロールは，近年その領域を広げている。Anthonyが中心となって記述していたテキストにおいては，マネジメント・コントロールとは，分権化を行ういかなる組織にも必要なものであるとされている（Anthony and Govindarajan, 2007, p.1）。マネジメント・コントロールは戦略に適合してなければいけないが，時に戦略に影響を与えることもある。Anthonyが1965年から提唱してきたマネジメント・コントロールの基本には，分権化，つまり当時の組織形態でいえば事業部制があると考えられるが，分権化が必須ということを考えれば，グループ経営においてもマネジメント・コントロールの構築は必要である。ただし，そこでの大きな違いは，法的に独立した企業同士が資本関係によってグループを形成している点にある。1つの企業の中での分権化とは異なり，分権化の程度はその成り立ちからそもそも高い関係から始まっている。

　グループ組織という関係性の中での部分最適（つまり1社の目標最大化）と全体最適（つまりグループの目標達成）の両立は，一社内のマネジメント・コントロールよりも分権化の度合いが高くなり，統合が難しくなることが推察される。1つの企業内での権限と責任の高い組織はインベストメント・センターと位置づけられ，本社のもとでインベストメント・センターは，マネジメント・コントロール・プロセスを通してコントロールがなされる。インベストメント・センターの長は全社戦略の中での自部門の経営について責任を持つことになるが，対外的には企業の中の一部門であり，そこでは特に人的資源や情報の共有が可能である。カンパニー制はその例である（横田, 2000）。

　他方，純粋持株会社の場合，金銭的資源を中心として統合を行うこととなる。

各子会社はカンパニーのような社内分社よりも自律性の高いインベストメント・センターととらえることもできる。各子会社の責任者は法的にも「社長」であり，独立した企業のトップの立場となる。したがって「疑似」社長ではなく，法的には真に社長の企業が投資先として純粋持株会社の傘下に位置する。

　実際に，グループ経営を見た場合，子会社と一社内のカンパニーなどのインベストメント・センターとの違いは，マネジメント・コントロール上はそれほど大きくはない。純粋持株会社解禁前，1994年，ソニーがカンパニー制を導入して以降，インベストメント・センターの特徴をより明確にした組織形態を導入する企業が増えた。カンパニー制と純粋持株会社制を比較すると，本社と子会社とが資本の所有企業とその傘下企業という関係により，外見上は一社内よりも独立性は高くみえる。しかし連結会計の下で，グループ全体での経営を考えていくのであれば，インベストメント・センターを傘下にもつ一企業との大きな差はないともいえる。

　渡辺（2005）の実証研究によれば，企業グループの利益計画について，分社化の程度（子会社・関連会社の数）の高い企業グループでは割り当て方式，直轄度（本社が直接管理する子会社・関連会社の割合）が低い企業グループでは積み上げ方式がとられていたという。これは管理の効率化の視点から，分社化の程度の高い企業グループでは割り当て方式が多くなるのではと分析している。他方，内部組織の管理下にある子会社・関連会社が増えると直轄度が低くなる。これにより，積み上げによる利益計画の立案が多くなるものとされている。そこで次に，持株会社自体が事業を持っている場合とそうでない場合とのマネジメント・コントロールの違いについて考察してみよう。

　純粋持株会社の場合，子会社との関係は，社内であっても独立性の高いインベストメント・センターと本社との関係によく似たものとなる（頼, 2001）。ただし，子会社の貸借対照表はカンパニー制におけるみなしではなく，客観的に資本も示されることとなる。つまり本社との関係はより明示的に財務諸表で示されることとなる（図表4-1）。一方，事業持株会社の場合，持株会社自体が事業を行うこととなる。したがって，その子会社は，外部からはわかりにくいものの，持株会社本体の事業に関連の深い子会社とそうではない子会社の2つに分かれることになる。持株会社の事業と関連の深い子会社は，実質的にはそ

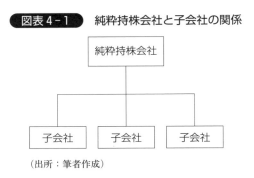

図表4-1 純粋持株会社と子会社の関係

(出所:筆者作成)

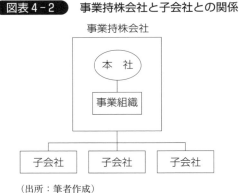

図表4-2 事業持株会社と子会社との関係

(出所:筆者作成)

の事業を担う企業であり,さまざまな経営資源,つまり金銭のみならず人材もあるいは技術他のノウハウなどについても共有可能性が高い。一方,本社の事業と関連の薄い子会社との関係は,純粋持株会社の本社と子会社との関係と似ている(図表4-2)。

このように見ていくと,頼ほか(2012)で指摘されているように,グループ・マネジメントにおいて求心力と遠心力のバランスは重要であるが難しい[4]。

---

4 頼ほか(2012)によれば,純粋持株会社の求心力と事業会社の遠心力とは「ある資源についてのそれぞれの相対的なパワーあるいは影響力の程度」である(頼ほか,2012, p.15)。

純粋持株会社の場合には遠心力が大きくなることが容易に予測される。一方，事業持株会社においては，遠心力が強くなる部分と，求心力が強くなる部分との共存という新たな難しさがある。こうした違いを踏まえると，純粋持株会社から事業持株会社への転換は，遠心力が強い状況からの変更を意味しているものである。では，そこにおける目的を達成するために，どのようなグループ・マネジメントの変更がなされるのか。本章では，マネジメント・コントロールの視点から事例を検討する。次に事例を検討するための視点を述べる。

Ⅳ　検討のための視点

　マネジメント・コントロールは「マネジャーが組織活動のパターンを維持または変更するために利用する，公式的で情報を基礎としたルーティンおよび手続き」（Simons, 1995, p.5）とされるように，組織メンバーに情報による影響を与えるものである。そこで，純粋持株会社から事業持株会社への変化による求心力，遠心力の変化は，どのような形で組織メンバーに影響を与えたのかを検討したい。

　具体的には純粋持株会社から事業持株会社へと変わったＡ社の事例について，純粋持株会社から事業持株会社への歴史的な流れをとらえながら，組織体制の変化（遠心力から求心力へ）と内部におけるマネジャーおよびメンバーの行動の変化に注目して検討していく。また持株会社本社と，その傘下にある子会社のインタビューから，分権化により加速される遠心力と，これをグループとしてまとめようとする求心力がどのように組織内に影響を与えたかを検討する。

Ⅴ　純粋持株会社から事業持株会社への変更の事例

　ここでは，製造業であるＡ社のグループ経営の事例を記述し，次節でこれについて先の研究の視点から分析を行う[5]。

1　純粋持株会社化への流れ

Ａ社が属する業界では再編の動きが活発である。1993年に業界の柱となって

いた企業の合併により現Ａ社の基盤ができた。その後も21世紀に入り，合併，分社が繰り返されてきた。Ａ社はその中にあって実質的に主たる存在である。

　グループ経営に対する意識が強くなった一番の要因は，わが国の財務諸表開示（ディスクロージャー）制度が親会社単独の個別財務諸表中心から，平成12年（2000年）３月期から連結財務諸表中心となったことであり，Ａ社も連結決算重視の動きの中で，グループ経営への動きが加速した。Ａ社の場合，たまたまこの時期（2001年）に，同業他社との経営統合もあったため，純粋持株会社を設立し，グループ経営を進めていった。

　グループ経営を進めていくために，まず真っ先に行ったのが経営情報の「見える化」であり，具体的には，グループ共通の会計システムのプラットフォームづくりを行った。各社の既存の販売購買システムからデータ連携を行うことで各社の個別決算の締切を早期化することが可能となり，これが連結決算の取りまとめの迅速化にも寄与した。また，プラットフォームづくりに合わせて，同時に資金調達・資金管理の面も親会社に一元化し，連結ベースの金融収支の改善を図った。

　Ａ社グループの経営統合後，傘下の事業会社・販売会社はその後２年で合併したものの，純粋持株会社の形態は維持した。純粋持株会社を続けた理由は，多くの子会社が事業会社の傘下に入ると，業態が異なるため意思決定が遅くなる可能性を考慮したためである。各社の自律性を維持するために純粋持株会社継続を選択した。

　当初2001年に設立した純粋持株会社はごく少数の人員で執務を行っていた。しかし，その後2003年からは，経営企画，経理などグループ全体をマネジメントする部署が設定され，人数も多くなった。グループ本社の社長はＡ社の社長でもあった。Ａ社の本社がグループ本社としての構造へと変化をしていったの

　5　本節の事例は，Ａ社への経営企画室ならびに子会社へのインタビューをもとに記述がなされている。なお，インタビューは，2015年２月19日にＡ社経営企画室（11時～15時）および４月13日子会社トップ（11時～13時半）に行ったものである。インタビューおよび記述内容確認など調査にご協力いただいた方々のお名前を記すことはかなわないが，この場をお借りして感謝申し上げます。なお，インタビュー先の希望により，本章では，匿名表示とする。

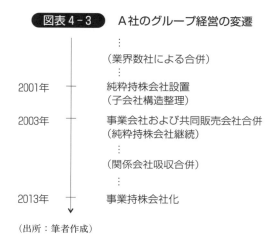

図表4-3　A社のグループ経営の変遷

（出所：筆者作成）

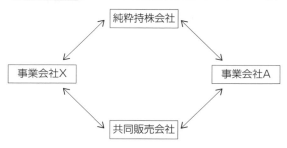

図表4-4　2001年純粋持株会社時のイメージ図

（出所：ヒヤリングから筆者作成）

である。資金も含めグループ経営を意識した体制に次第に変化していった。

(1) グループ経営としての方向性

2003年以降，グループとしての目標を明示し，傘下の組織には投資予算，年度予算に際し本社とのヒヤリングがなされるようになった。当時の本社管理の特徴は基本的に「ボトムアップ」である。連結決算を念頭に，全体からの情報が下から上へと積み上げることで情報の蓄積がなされた。こうした情報が本社に集まる動きの中で，傘下各社の課題を，経理や関連事業部で認識するように

なった。しかし，当時傘下の各社はグループ本社の強いコントロール下に置かれていたというよりも，各社が自律的，継続的に個別の経営を営んでいた。人事権も各社で持ち，人員計画，人員配置なども各社で行われていた。

2010年ごろまでの間，各部門からのメンバーが集められ，次第に経営企画部の人員が増員された。2015年には，経営企画部の中の経営企画担当に12～13人，関連企業担当が5人ほどの規模となっていた。

(2) 持株会社後の横展開

2003年の合併後，同業の合併ということもあり，それまで競合会社であったものが同じ持株会社を冠するグループの一員となった。この動きの中で，技術者たちにとっては，かつては他社である，「あの会社の技術はどうなっているのか」と思っていた会社が，グループ企業となることで，仲間として情報を開示してくれる可能性が生まれた。拡大会議も開かれ，かつてはライバル会社の傘下に位置した研究所の研究員が交流するようになった。一方，製造部門でも，多くはないが，主として部長クラスの人事異動によってかつてのライバル会社の製造現場との交流も行われた。

2 2013年事業持株会社化

2013年に，純粋持株会社であったグループ本社を，かつてのA社の事業会社が引き継ぐ形で事業持株会社化された。グループ成長戦略の推進，傘下事業のモニタリングやコンプライアンス推進の各機能をグループ本社が果たしてきたが，これを事業持株会社が引き継いだのである。

事業持株会社化の理由は，第1にA社の主力事業を取り巻く環境が変化したことにある。早急に事業転換を加速させる必要があり，そのため各社の事業分野の中で，今後伸長が期待される事業分野で重複しているものを結集し強化を図っていく目的があった。従来のように重複した事業があっても並存させ，競争させるという方法がとりにくくなった。

第2に従来の事業会社A社がグループ本社と機能が重複し，人も兼務している組織が多く，A社が実質的にグループ経営の業務を担っている部分も多かったので，これを実質に合わせた。事業持株会社の傘下にはこれまで純粋持株会

社の傘下に同列にいた子会社が位置した。

　事業持株会社後に変化があったのは，同業他社の関係にあった企業の現場社員間の交流である。各工場は2013年以前には同じグループとはいえ，それぞれ別々の企業の工場としての役割を果たしていた。したがって，工場同士の交流のためには，工場の親会社にアクセスすることを了解してもらうことで，やっと実際に現場とのやりとりが可能になったのである。2013年の事業持株会社化により，従前から関係のあった企業が合併し1つの会社となった。同じ企業の中で，工場が文字どおり並列の関係になったということである。その後は，これまでやりにくかった現場間の交流をすることが容易になった。

　かつて技術部門にいたX氏のコメントである。

　　「それぞれ異なった企業にぶら下がっていた工場が1つのA社の工場になったということで，この時から交流がやりやすくなっていた。今までは各社に工場がぶら下がっていたので，それぞれの情報のやりとりは各会社の上にあげてからということになっていた。技術的な交流は直接やれていたのだが，それはごく限られた範囲である。今のように同じ列にいると動きやすくなるものである。同じグループであっても，違う会社にぶら下がっていると，現場間の行き来はかなり難しい。たとえば，出張に行くといっても，出張に行きますよということを直接相手の工場に言うのか，あるいは上の会社に伝えて許可をもらって行くのかということで，機動性に大きな違いがあり，後者では現実には動きにくいものである。」

　同じビジネスを統合し，また隣接のビジネスも同じ企業の中に入れることで，現在と将来を見据えた全体最適を目指しやすくすることができるという判断により，事業持株会社にしたとのことである。今後はA社という，高品質を示唆するブランド力を活用した，新たな製品開発などを目指すという。

3　A社のグループ会社としての業績評価制度

　A社は純粋持株会社の時代から，グループ傘下の各社の評価尺度は「経常利益」であり，その前年伸び率あるいは前年比で評価を行っていた。経常利益を活用する理由はわかりやすさにある。グループ傘下の各社のトップ・マネジメ

ントが目標として理解できる指標として選ばれていた。そのほか時期によって，バランスシートの有利子負債の削減率などを評価尺度に加えたこともある。これらは子会社の社長の評価項目であるので，社長の報酬にも関連していた。なお，各社の中の目標設定については各子会社に任されていた。

4 純粋持株会社から事業持株会社への変化による子会社経営への影響

2003年の純粋持株会社化から，2013年の事業持株会社への変化の中で，A社グループの中にある子会社にはどのような影響があったのだろうか。

本社のインタビューの中では，従来から，各子会社のビジネスモデルの独自性から，自律性が尊重されてきたとの話であった。ERP導入においてグループ全体で対応してきたほかは，それほど強いコントロールを行ってきてはいないとのことである。このような中で純粋持株会社が上位レベルに存在するのと，事業会社が上位レベルに存在するのではどのような違いがあるかを，子会社B社のトップ・マネジメントへのインタビューから記述する。

B社はA社と同じ業界ではあるが，A社の主力製品とは異なる特徴ある製品をもつ企業である。B社はいくつかの特徴ある工場を持つ企業が，歴史的な経緯を経て合併し，2008年の株式交換によってA社の100%子会社となった。100%子会社となったことで，これまでB社が行ってきた予算スケジュールが，A社の予算のスケジュールに合わせて変わったり，連結対象企業として親会社への報告を行うなどの変化があった。また，A社から役員の一部が派遣され，A社の製品とは異なるB社の役員として，A社のグループ戦略を考える際に会議に参加することもあった。

100%子会社としてグループ内に入ったことで，グループ内のプロジェクトへの参加がしやすくなっている。また，営業面では，A社にはほとんどない製品を販売していることから，A社の営業部門から顧客を紹介してもらうといったこともある。営業の協力は2008年の子会社化以降，A社と同じ建物の中にあることもあって，情報共有がしやすくなっていることによる。

B社は100%子会社ではあるが，2008年に社名を変更し，A社のグループ会社であることを明確化したことで，グループ企業として大きな社会的使命を負うとともにグループ連帯意識が浸透したことが大きな力となった。2013年にA

第4章　純粋持株会社から事業持株会社へ　69

社が事業持株会社となった後も，会社運営上実質的な差はないと，Ｂ社のトップ・マネジメントは述べていた。

VI 分析と考察

Ａ社の2001年以降の純粋持株会社化，そして2013年以降の事業持株会社への動きについて，Ⅳで示した視点から考察してみたい。

1 純粋持株会社から事業持株会社への変化の意味

まず，2001年からの純粋持株会社についてである。2001年からの2年間においては，傘下の企業の自律性が高く，本社はまとめ役としての立場をとっていたようである。当時のＡ社グループの本社管理の特徴はボトムアップであった。外部環境の変化に応じて，連結財務諸表作成のためにグループ経営の動きが出てきたとのことであり，資金は共通だが，組織メンバーの子会社間の交流はなく，技術交流も難しかった。つまり，グループ内の企業ではあるが，実質的には別会社としての意識が強い時期である。当時は求心力よりも遠心力が強かった時期といえる。

その後，グループ本社として，本社体制が整っていくと，そこには経理，経営企画，人事など機能別のスタッフの人員が増え，情報を各傘下企業から収集，蓄積した。その過程で，各企業の課題などがグループ本社に明らかになっていくのである。Ａ社グループのもう1つの特徴は，中核となっていた事業会社Ａ社の本社スタッフが，純粋持株会社のスタッフと兼任であったことである。つまり，グループ本社は事業会社であるＡ社の本社でもあったということになる。ただし，子会社などの傘下企業からすれば，この時点においても純粋持株本社の傘下にあるものの自律性は高く，資金の流れ，会計情報以外は自律した経営活動がなされていた。

2013年以降の事業持株会社になると，Ａ社の営む1つの大きな事業の枠の中に子会社が入った。ここにおいて，親子関係が事業を通して明確化する。しかし，事業持株会社である親会社が行っていない事業を営む子会社においては，Ａ社の名のついたブランドの傘下にあるという意識は共有しつつも，独立事業

を営んでいく体制は変わらないことが子会社の事例からわかる。

2　マネジメント・コントロールの視点

　マネジメント・コントロールの視点から考えると，A社の純粋持株会社の時期の傘下企業は，グループ内でのインベストメント・センターとして独立性が高く，そこでは子会社間のシナジーが生まれにくかった。実際に，傘下子会社間では，法人を超えた情報交換は難しかったとのことである。とはいえ，同じグループ企業の傘下に入ったなかで，研究者間では情報交換が始まっていたことは注目に値する。長期的に重要な情報は，グループにとっての将来を決める重要なものである。かつては企業が異なるがゆえにできなかった，研究者間での情報のやりとりがまず始まったのである。しかしながら生産現場では，関心があったものの，別企業の現場との直接的な情報交換は，まだまだやりにくさを感じさせていた。

　その後事業持株会社になった時点では，事業持株会社の事業関係の子会社はより一層関係が強まり，これによって経営自体の効率性が上がる。したがって，予算管理，利益管理という経営の共通インフラ部分による事業関係の情報のやりとりは頻繁になる。一方，B社のように本社の事業からの独立性が高い企業が子会社となった場合，役員の一部が本社から派遣され，グループ全体の中の一員としての意識はあるものの，実態面での影響はあまり見られないということである。このことから，本業とは異なる子会社のグループ内における位置づけは，戦略的なポートフォリオを構成する子会社ととらえられているともいえる。

　このように戦略的な観点からグループ全体の構成をとらえ，しかも製品的な自律性が高い企業の場合，資金的な面のみならず，会計のしくみ，役員の派遣などによる影響力を行使することで，全体最適と部分最適を整合させようとしているように見える。渡辺（2005）が述べていたように，分権化の高い場合には積上方式の利益目標が立てられるという結果にも合致する方向である。一方，事業会社に関係している子会社は，経営の効率化や規模の経済性のために，むしろ事業への集中度も増している。したがって，現在A社グループの子会社においては，A社の事業に関連の強い子会社は求心力が強まり，関連の弱い子会

社は，A社グループというゆるいつながりの中での遠心力と求心力のバランスをとっているといえる。この場合，遠心力は各企業の自律性の強さによるものであるが，求心力は，役員の派遣や，会計情報やシステムの共有といった点による。

A社グループが今後より一層のグループとしての力を出す場合，次の段階は，いかに組織間を超えた情報を共有するかである。A社の研究者や生産現場，あるいは営業現場がはじめたような組織間の境を越えた関係づけによって，A社グループとしての利益最適化も可能になるであろう。横田（2013）で述べたような，もともと関連企業が多いキリン・ホールディングスとは異なり，それぞれが独立した業界内の企業を合併・買収して形成されたAグループの各社においては，その関係を純粋持株会社という形で整合させるのではなく，事業持株会社という形で経営活動にも関わるようにして主力事業を進めるとともに，会計システムの共有がなされた。次は人事による共有や，さらなる目標の共有になるであろう。

Ⅶ　おわりに

本章では，グループ経営における持株会社の形態の変化と求心力と遠心力の変化について，マネジメント・コントロールの視点から考察した。ここでわかったことは，事業持株会社の場合には，グループ内が主たる事業にかかわりの深い子会社と，かかわりの深くない子会社とが併存することである。そのバランスを取るためには，グループ全体を共通のマネジメント・コントロールのしくみにより経営活動をするのか，あるいはその違いによってしくみを使いわけるかといった工夫も可能だということである。計画，予算，業績評価といったしくみのみならず，役員の派遣といった人的な異動による情報の流れも重要である。またグループ内の子会社間の組織の壁を越えた情報のやりとりは，法人格を異にするために，一社内よりも制約が生まれがちになるが，技術，研究など同じグループ内での専門的知識の交流の機会を積極的に活用することの意義の認識を持つことで，情報共有を促す可能性があるともいえよう。

事業持株会社により，主たる事業が何かが明確になり，それが強い求心力に

なることは明白であるが，その事業とのかかわりが弱い子会社で，かつ戦略的に重要な子会社の遠心力をどのようにコントロールするのかが，事業持株会社の課題と言えよう。

　本研究は，事業持株会社への変化について，求心力と遠心力の観点から，どのような影響を事業会社あるいは子会社に及ぼすのかを具体的事例から考察した。親会社が事業を営むことが戦略的にどのような変化を意味し，それがマネジメント・コントロールの変化をどのように生み出すのかといった点は，今後も検討の必要がある。今回は1社の検討にとどまったが，今後はこのような変化を伴う他社の事例も検討しつつ，純粋持株会社と事業持株会社のマネジメント・コントロールの本質的違いは何か，その影響とはいかなるものかを継続的に検討したい。

● 参考文献

Anthony, R. N. 1965. *Planning and Control Systems: A Framework for Analysis*. Harvard University. (高橋吉之助訳. 1968. 『経営管理システムの基礎』ダイヤモンド社)

Anthony, R. and V. Govindarajan, 2007. *Management Control Systems*. 12th edition. McGraw-Hill/Irwin.

Simons, R. L. 1995. *Levers of Control: How Managers Use Innovative Control Systems to Drive Strategic Renewal*. Boston. Massachusetts: Harvard Business School Press. (中村元一・浦島史恵・黒田哲彦訳. 1998. 『ハーバード流「21世紀経営」4つのコントロール・レバー』産能大学出版部)

浅田孝幸・塘誠. 2008. 「グループ経営」. 門田安弘編著『管理会計レクチャー（基礎編)』税務経理協会：103-118.

足立龍生・山崎直・宇垣浩彰. 2010. 「純粋持株会社体制におけるグループ経営上の落し穴」『Mizuho Industry Focus』89：1-19.

伊藤邦雄. 1999. 『グループ連結経営―新世紀の行動原理―』日本経済新聞社.

浦野倫平. 2014. 「日本企業の純粋持株会社化推進に関する一考察―コーポレート・ガバナンス改革との関連において―」『経営学論集』24(4)：1-14.

経済産業省. 2014. 「純粋持株会社実態調査　調査結果の概要」
http://www.meti.go.jp/statistics/tyo/mochikabu/result-2/h26kakuho/pdf/h26kakugaiyo.pdf（最終アクセス日2015年7月10日).

金融庁. 2016, 「銀行持ち株会社免許一覧」
  http://www.fsa.go.jp/menkyo/menkyoj/ginkoumochikabu.pdf（最終アクセス日　2016年
  9月21日）.
下谷政弘. 2009. 『持株会社と日本経済』岩波書店.
高津輝章. 2010. 「日本企業における持株会社経営」. 山田英司監修, 株式会社日本総合研究
  所戦略マネジメントグループ編著『グループ経営力を高める本社マネジメント―低成長期
  の組織戦略―』中央経済社：161-194.
山田英司. 2012. 「アンケート調査に見る 持株会社による経営の実態と日本型持株会社の戦
  略的役割」『MARR: Mergers & Acquisitions Research Report』215：15-21.
横田絵理. 2000. 「カンパニー制再考―カンパニー制は日本企業のインベストメント・セン
  ターへの変化を意味するのか―」『武蔵大学論集』48(2)：15-44.
横田絵理. 2013. 「グループ経営のためのマネジメント・コントロール―キリン・ホールディ
  ングスの事例からの一考察―」『會計』183(3)：391-404.
頼誠. 2001. 「日本企業のカンパニー戦略」. 林昇一・浅田孝幸編著『グループ経営戦略』東
  京経済情報出版：85-102.
頼誠・浅田孝幸・塘誠. 2012. 「持株会社本社の統治力としての求心力とは何か―その基盤
  としてのMCSの考察―」『メルコ管理会計研究』5(1)：15-30.
渡辺康夫. 2005. 「グループ経営におけるマネジメント・コントロール―分散と統合のマネ
  ジメント―」. 木村幾也編著『グループ企業の管理会計』税務経理協会：45-64.

（横田絵理）

純粋持株会社における
事業会社間での知識の移転

I はじめに——問題提起

　純粋持株会社制の解禁と，それに続く一連の法的な制度の整備に伴い，いくつかの企業グループでは純粋持株会社制を採用した。純粋持株会社制の採用の背景には，グループ経営の重要性に対する認識の高まりがある。その理由の1つは，資本市場からの圧力である。日本においても，2000年3月期から，それ以前の個別決算中心のディスクロージャー制度から，連結決算中心のディスクロージャー制度へと変更がなされた。連結財務諸表が主たる財務諸表となることで，「企業グループ全体をひとつの有機的な組織と見て，企業グループ全体としての業績または価値の向上を求めて，グループ全体をどのように組織化するかという課題が，より一層重要性を持つようになった」(園田, 2005, p.128)。このための組織的な対応の1つが，純粋持株会社制の採用である。

　純粋持株会社制への移行の具体的な理由として，浅田他（2012, p.105）では，以下の6点があげられている。「①収益性向上を目指したリストラクチャリングのため，②分権化し事業の自律性を高めるため，③企業文化の違いを乗り越えて融合するため，④ビジネス・モデルの違う企業を傘下に置くため，⑤顧客市場の構造的変化に対応するため，⑥攻撃的M&Aから経営権を守るため」。純粋持株会社制への移行については，分権化の徹底の観点から議論されることが多い。しかし，浅田他（2012）の指摘にもあるように，現実には多様な理由が存在し，また混在している。純粋持株会社の機能，また事業会社間の関係を

考察する際には，これらの理由の違いがもたらす効果も考慮する必要がある。

　純粋持株会社制を採用することによって得られるメリットと同時にデメリットも存在する。塘（2009, p.119）は，「純粋持株会社を分権化の徹底に用いると，既存事業の範囲内において資源が効率的に利用されることが期待される」としている反面，そのデメリットとして「部門間等における資源配分が問題となる可能性がある」と指摘している。実際に，2003年に純粋持株会社制に移行した富士電機[1]の場合，「『業界最強の専業』の有機的集合体を目指し，各事業会社が得意分野への積極投資により事業を拡大・成長させてきました。これにより，損益責任が明確化し，また，戦略展開のスピードも向上したことで，個別では競争力の向上という成果に結びつけることができました」とそのメリットを報告している。他方で，「事業会社間での人的交流の停滞や横の連携の不足などにより十分なシナジーを創出できないという課題や，マーケットが変貌を遂げるなかでグループ全体が迅速にその変化に対応できないという課題が，急速な市況悪化を受け浮き彫りとなってきました」（アニュアルレポート 2009, p.11）と，そのデメリットも指摘されている。これらの指摘は，純粋持株会社制を採用した企業グループにおいて，事業会社への責任と権限の委譲が進むことで市場環境の変化に事業会社レベルで迅速かつ的確に対応することが可能となった反面，複数の事業会社に横断的な取り組みが必要とされるような状況では，企業グループ全体としての対応を効果的に行うことが困難である可能性を示唆している。

　異なる事業単位が1つの本社の傘下にある意義の1つを，Kogut and Zander（1992）は，知識[2]の効率的な移転や共有に求めている。このことを，純粋持株会社制に適用すれば，異なる事業会社が，1つの純粋持株会社の傘下に存在する意義は，各事業会社が業務の遂行の過程で獲得・蓄積したノウハウや実践といった知識を事業会社間で移転・共有することにあるといえよう。しかしながら，事業会社横断的な取組みは，必ずしも，効果的に行われてはいな

　1　富士電機はその後，2011年に事業持株会社制に移行している。
　2　本章において，知識とは「真であることを証明され，コンテクストに関連付けられた情報」（Bhimani and Roberts, 2004, p.1）である。

い。事業会社間で，知識の移転・共有が行われるには，事業会社間に信頼関係または連携の必要性の認識といった社会的な資本（social capital）[3]が必要とされる（Adler and Kwon, 2002）。頼他（2012, p.18）は，純粋持株会社においては「自律的な動きを誘導する仕組みとそれに関連するコントロール・システム」，すなわち「求心力と遠心力のバランス」が必要である点を指摘している。本章では，マネジメント・コントロール・システム（MCS：Management Control System）[4]の設計や利用方法が，事業会社の構成員に，事業会社横断的な連携の必要性の認識を高めることで，事業会社間での知識の移転や共有を促進する効果を検討する。

　この目的のために，本章ではまず，事業部制を採用している企業における事業部間での知識の移転に影響を与えるMCSの設計や利用方法に関する従来の研究結果を整理する。次に，これらの研究を踏まえて，知識のガバナンス・アプローチに基づいた研究のフレームワークを提示する。第3に，知識のガバナンス・アプローチの観点から，純粋持株会社制における事業会社間の知識の移転に関する仮説を設定する。最後に，今後の研究の展望について述べる。

3　ここで，社会的な資本とは，「個人またはグループによって利用可能なgoodwillである。その源泉は，行為者が有する社会的な関係の構造やその中身に存在している。その効果は，それが行為者に利用可能なものとさせている情報，影響力および連帯感から生じる」（Adler and Kwon, 2002, p.23）と定義されている。

4　Malmi and Brown（2008）は，マネジメント・コントロール・システム・パッケージを，「マネジメント・コントロールは，マネジャーが従業員の行動や決定が組織目的また戦略に一致することを確実にするために利用するすべての装置やシステムを含むものであり，単なる意思決定支援システムは除外される。……パッケージという用語は，ほとんどの現代的な組織において多数のMCSがあるので利用される。これらが意図的に設計され調整されているならば，全体のシステムをMCSと呼ぶ」（pp.290-291）としている。彼らはMCSパッケージの具体的な内容として，計画設定，サイバネティック・コントロール，報酬および報奨，管理的なコントロール，文化的なコントロールの5つをあげている。

Ⅱ 事業部制のもとでの事業部間での知識の移転

同一の企業内であっても，異なる下位の組織単位間での知識の移転は，効率的に行われていない（Szulanski, 1996; Gupta and Govindarajan, 2000）。福田（2010; 2013）は，日本企業の事業部を対象とした郵送質問票調査の結果の分析に基づき，事業部間での知識の移転の頻度に，MCSの設計や利用方法がどのような影響を与えているのかを明らかにしている。さらに，福田・木村（2013）は，企業へのインテンシブな聞き取り調査に基づいて，事業部間での知識の移転に対するMCSの設計や利用方法の効果，およびそれらに影響を及ぼす要因について記述している。本節では，これらの研究結果を要約しておこう。

1 郵送質問票調査結果の要約

福田により2005年度に実施された郵送質問票調査は，電気機器，精密機械，化学および食品産業に属する東証一部または二部上場の日本企業の83事業部を対象としている。ある事業部が業務遂行プロセスにおいて獲得したノウハウや実践を，同一企業の他の事業部にどの程度の頻度で移転しているのか，その移転の頻度にMCSの設計や利用方法がどのような影響を及ぼしているのかを明らかにすることが意図されている。当該質問票調査で取り上げられた知識は，**図表5-1**に示したとおりである。なお，分析にあたっては，事業部による知識の提供と獲得とではその背後にある事業部長の動機が異なるとの認識から，両者を異なったプロセスであると見なしている。

事業部による知識の提供の頻度[5]には，知識自体の特性が大きな影響を及ぼしている。知識の明示化の程度が高い状況では，MCSの設計やその利用方法

5 　知識の提供また獲得のそれぞれの頻度について，図表5-1で示した10の知識について，過去3年間でどの程度，他の事業部へ提供または獲得を行ったかを，事業部長に7点リッカート・スケールでたずねた。1はそれぞれの知識について，当該事業部による他の事業への提供（または獲得）が「全くない」ことを，4は「時々行われる」ことを，7は「継続的に行われている」ことを示している。事業部が当該知識に関連した職能を内部に有していない場合には，N/Aを選択してもらった。

第 5 章　純粋持株会社における事業会社間での知識の移転　**79**

図表 5 - 1　2005年度調査で取り上げたノウハウや実践

Porterの価値連鎖	2005年調査で取り上げたノウハウや実践
主活動	
購買物流	在庫管理に関するノウハウ
製造	製造能力
出荷物流	配送ノウハウ
マーケティング・販売	製品のマーケティング・ノウハウ
サービス	顧客サービスに関するノウハウ
支援活動	
全般管理	事業部のマネジメント・システムおよび実務
人事・労務管理	人材開発に関わるノウハウ
技術開発	製品設計 生産工程の設計
調達活動	原材料・部品の購入ノウハウ

（出所：筆者作成。なお，個々の用語の訳語はPorter（1985, 邦訳, p.49）に基づく。）

とは無関係に，事業部による知識の提供の頻度が高い傾向が見られた。しかしながら，知識の明示化の程度が低い状況では，文化的なコントロール，特に事業部間での人的な異動やトップ・マネジメントによる事業部間での協力の必要性の強調の程度が，またトップ・マネジメントによる事業部予算編成プロセスへの介入の程度が，事業部による他の事業部への知識の提供の頻度を高める傾向が見られた。前者は，文化的なコントロールが，組織構成員間に共通の認識や価値観を生み出すことで，組織全体としての一体感を高めるというMerchant（1998）の主張とも一貫している。

　他方，他の事業部からの知識の獲得の頻度も，知識の特性に影響を受ける。知識が明示化されていない状況では，事業部長による事業部予算の達成可能性の知覚が中程度のときに，他の事業部から最も頻繁に知識を獲得する傾向が見られた。事業部予算編成プロセスへのトップ・マネジメントの介入の程度も，知識の獲得の頻度に影響を及ぼしている。さらに，トップ・マネジメントによる「ソフトな業績評価」[6]の重要性に対する事業部長の知覚の程度も，他の事業部からの知識の獲得の頻度に影響を及ぼしていた。これに対して，事業部長

に対するトップ・マネジメントによる「ハードな業績評価」の重要性の知覚の
程度は，他の事業部からの知識の獲得の頻度に影響を与えてはいない。なお，
トップ・マネジメントによる「ハードな業績評価」を高く知覚しているグルー
プでは，それを低く知覚しているグループに比べて，予算目標がより達成可能
なレベルに設定される傾向がある[7]。

　これらの結果は，MCSの設計や利用方法が，事業部間での知識の移転の頻
度に影響を及ぼしていることを示している。

2　事業部間での知識の移転に関する聞き取り調査の概要

　上記の質問票調査の結果を踏まえて，企業数社への聞き取り調査を実施した。
福田・木村（2013）は，セイコーエプソン株式会社における異なる事業部間，
すなわち半導体事業部から液晶事業部への技術的な知識の移転の状況を明らか
にしている。両事業部間での技術的知識の移転は，事業部長の交代に起因する
ものであった。半導体事業部長から液晶事業部長に就任した草間氏は，液晶事
業部の製造プロセスを見る機会を得た。草間氏は，「液晶の製造プロセスと半
導体の製造プロセスに大きな類似点があると感じた」（福田・木村，2013，p.17）。
草間氏は，15年間利益の出ていなかった液晶事業を立て直す目的で，「圧倒的

6　本研究では，Otley（1978）に基づいて，トップ・マネジメントが事業部長の業績
を測定・評価する際に，「職務に注いでいる努力」，「生み出した利益」，「品質への関
心」，「予算をどの程度達成したか」，「私のスタッフや部下と構築した関係」，「仕事を
どの程度効率的に遂行したか」，「仕事に対する私の態度」および「より上位のレベル
のスタッフとどの程度うまくやっているか」といった8項目がどの程度重要視されて
いると事業部長が知覚しているのかを，5点リッカート・スケールで尋ねている。1
は「全く重要でない」を，2は「あまり重要でない」を，3は「いくらか重要であ
る」を，4は「かなり重要である」を，そして5は「非常に重要である」ことを示し
ている。因子分析の結果，2つの因子が抽出された。一方には「私のスタッフや部下
と構築した関係」，「仕事をどの程度効率的に遂行したか」，および「仕事に対する私
の態度」が大きく寄与し，もう一方には「予算をどの程度達成したか」また「生み出
した利益」が大きく寄与している。このため，前者を「ソフトな業績評価」，後者を
「ハードな業績評価」と名づけた。
7　事業部長によって，トップ・マネジメントによる「ハードな業績評価」が高く行わ
れていると知覚されているグループでは，そうではないグループと比べて，「事業部
長の予算編成への参加の程度」ならびに「予算編成への上司の介入の程度」が高い傾
向が見られた。

に精緻化されて高度化した半導体事業の製造技術をそれよりもある意味で遅れた液晶の製造プロセスに移転することを考えた」（福田・木村, 2013, p.17）のである。もちろん，実際の技術移転は現場レベルでなされた。事業部長である草間氏が，旧知の半導体事業部から技術移転の目的で招いた2人の技術者の手によってなされたのである。しかしながら，この事例では，異なる事業部間での技術的な知識の移転が，事業部長の異動という人的な異動に大きく依存している。

　また，セイコーエプソンの事例では，事業部間での知識の移転にトップ・マネジメントが全社的な協力の重要性を強調していたことも大きな要因の1つとなっていたことが確認された。これらの諸点は，質問票調査の結果ともある程度一致している。

　これとは対照的に，ケース研究を通じた新たな発見もある。第1に，事業部間での技術的な知識の移転に，同社の多角化の歴史が深く関連している点である。同社の技術の発展は，時計事業をその基礎として，時計を製造するために必要とされるさまざまな要素技術が発展してきたという経緯を持っている。多角化した事業間での技術的な基盤の共通性が事業部間での知識の移転を促進している側面があることが発見された。

　第2に，セイコーエプソンでは，S&S（スクラム　アンド　スクランブル）制度という組織的なしくみが事業部間での知識の移転を促進している。S&Sは，「セイコーエプソンにとって競争上，非常に緊急を要し，短時間で開発目標を達成しなければならない開発テーマを遂行する場合に利用される方法」（福田・木村, 2013, p.17）である。S&Sを宣言することによって，事業部横断的に必要な知識や能力を持つ多様な人材を集めることが可能となり，そのプロセスで人を介した知識の移転が促進されるのである。

Ⅲ　研究のフレームワーク
——知識のガバナンス・アプローチ

　個人間または組織単位間における知識の移転にとって，社会的な資本が重要な役割を果たすことが，ネットワーク理論の論者によって主張されてきた（た

とえば，Tsai and Ghoshal（1998））。しかし，それらの一連の研究は，「社会的な資本の決定要因を，経営者が積極的に影響を与えることのできるガバナンス・メカニズムとして扱っていない点で，大きな限界がある」（Gooderham *et al.*, 2011, p.127）。前節で紹介した福田（2010:2013）および福田・木村（2013）の研究は，経営者や管理者がMCSの設計や利用を通じて，事業部間の知識の移転の頻度に及ぼす直接的な効果を検討している点でGooderham *et al.*（2011）の指摘に対応している。

　しかしながら，Gooderham *et al.*（2011）は，企業が，実際に，どのような知識のガバナンス・メカニズムを採用しているのかではなく，組織の構成員がどのようなガバナンス・メカニズムが組織内で機能していると知覚しているのかが重要であることを指摘している。Gooderham *et al.*（2011）は，組織の構成員のガバナンス・メカニズムに対する知覚が，社会的な資本に対する個人の認識に影響を与え，それが個人間または集団間の知識の移転に影響を与えると主張している。彼らによって実施された郵送質問票調査の結果では，社会的な資本の存在についての組織構成員の知覚が，知識の移転を促進する傾向が発見された。さらに，社会的な資本の存在についての知覚は，社会的なメカニズムの存在の知覚によって高められる反面，階層的なメカニズムの存在の知覚によって低減された。他方，市場のメカニズムの存在の知覚が，それに有する効果は曖昧であったことが報告されている。組織または組織間において実際に知識の移転を担うのは個人である。このために，知識のガバナンス・メカニズムを個人がどのように知覚しているのかは実際の知識の移転にとって非常に重要である。

　MCSの設計や利用方法が，事業部間の知識の移転に及ぼす影響についても，組織が実際に採用しているMCSの設計や利用方法よりも，それに対する組織の構成員が有する知覚が重要である可能性がある。この観点を取り入れたモデルが次のものである（**図表5-2**）。

　次節では，知識のガバナンス・アプローチに基づいた上記の研究モデルに基づいて，純粋持株会社制における事業会社間での知識の移転と共有に関するMCSの設計と利用の効果の検討を行うことにする。

第5章　純粋持株会社における事業会社間での知識の移転 ▎ *83*

図表5-2　知識の移転モデル

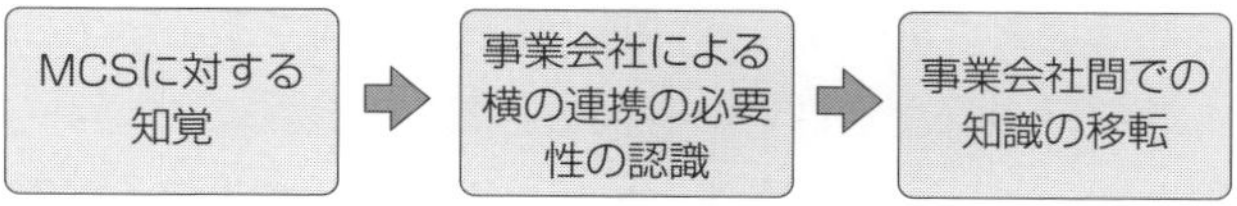

```
┌──────────┐    ┌──────────┐    ┌──────────┐
│ MCSに対する │ ⇒ │事業会社による│ ⇒ │事業会社間での│
│   知覚    │    │横の連携の必要│    │  知識の移転 │
│          │    │ 性の認識   │    │          │
└──────────┘    └──────────┘    └──────────┘
```

（出所：筆者作成）

Ⅳ　純粋持株会社制と事業部制

　純粋持株会社制のもとでの事業会社横断的な知識の移転について考察する上で，純粋持株会社と事業会社間の垂直的な関係，および事業会社間の水平的な関係は重要である。ここでは，事業部制やカンパニー制といった同一企業内部での分権化に伴う本部と下位の組織単位との間の関係，および下位の組織単位間の関係との比較で，純粋持株会社制のもとでの事業会社間での知識の移転に関する仮説を設定しよう。

1　事業会社間の連携の必要性の知覚に影響を及ぼす要因

　事業会社間の横の連携の必要性に対する組織構成員の知覚に影響を及ぼす要因の1つとして，ここではまず純粋持株会社が果たす役割・機能を考える。

　純粋持株会社は，グループ全体の価値を最大化するという目的のために，多様な機能を果たす。たとえば，富士電機ホールディングス株式会社は，持株会社としての役割を，「グループ全体の企業価値の最大化」（第128期報告書, p.3）とした上で，その機能としてグループ全体の最適化戦略策定機能，グループ資源の最適配分機能，グループ全体の研究企画・進捗管理，新事業の創出機能，グループ経営のモニタリング機能およびグループ全体のブランド戦略策定機能といった5つをあげている。また，コニカミノルタホールディングス株式会社は，グループの基本経営戦略説明会の資料（2003, p.2）の中で，持株会社の機能としてグループ企業価値の最大化を目標に掲げ，そのために事業ポートフォリオ経営の徹底，他社の模範となるグループガバナンス運営，イメージング領域における技術戦略／ブランド戦略を重点的に強化，人事理念に基づいた実力

人事の実施，企業の社会的責任重視をあげている。

　純粋持株会社は企業グループ全体に関わる戦略策定を行う一方で，事業会社の業務遂行への関与の程度が低い。青島・宮島（2011）によれば，純粋持株会社は事業部制やカンパニー制の本部と比べ，下位の組織単位の戦略策定，戦略的な意思決定および予算編成に関与する程度は限定的である。これらのことは，事業会社の自律性が高いことを意味している。自律性が高まることで，事業会社は環境の変化に対してより迅速に対応することが可能である。しかしながら，事業会社の自律性の高まりは，グループ会社全体としての観点からは「遠心力」を高める方向に機能することが考えられる。比較的初期の段階で，純粋持株会社制に移行した帝人では，近年，「子会社の力が強すぎて親会社が十分にハンドルできず，帝人全体として経営戦略にブレが出ている」（日経産業新聞，2012年2月9日）との指摘が，アナリストからあがっている。事業会社の自律性の程度の高まりは，事業会社横断的な関係の必要性に対する事業会社の構成員の知覚を低減させる効果があると考えられる。

　事業会社の自律性の程度には，純粋持株会社の設立目的も影響を及ぼしている可能性がある。浅田他（2012）は，純粋持株会社の設立後も，従前の組織が傘下にそのままの形で存続する形態を，ポートフォリオ型[8]とよんでいる。企業文化やビジネス・モデルの異なる企業同士が合併をする場合などにこのような形態が見られる可能性がある。ポートフォリオ型の純粋持株会社では，「中核事業会社の独立性が高く，本社が中核事業会社の事業運営に関与することは少ない」（浅田他，2012，p.110）。この状況での持株会社の役割は，浅田他（2012，p.110）によれば，「グループ全体のミッションの作成，ならびに明文規定による管理と業務の監査」と限定的なものとなり，「ファイナンス的投資効率による管理が中心となる」とされている。ポートフォリオ型の純粋持株会社の事例として，2003年当時の新日鉱ホールディングス株式会社があげられる。同社は，「経営ビジョンの策定，経営戦略の企画立案，経営資源の最適配分などを通じ，グループ総体の効率的経営と成長機会の確保を図ることを基本的役割とし，コ

　8　ポートフォリオ型は，その発足の経緯から，一時的な組織形態である可能性もある。

ア事業会社との間の運営基本契約に基づき，グループの経営管理を行なっています」（ANNUAL REPORT 2003, p.25）と，純粋持株会社の役割がかなり限定されることが示唆されている。これらのことから以下の仮説が設定される。

仮説1　事業会社の自律性の程度を事業会社の構成員がより高く知覚しているほど，事業会社間の横の連携の必要性は低く知覚される。

仮説2　事業会社の自律性の程度に事業会社の設立の目的も影響を及ぼす。

　持株会社制では，各事業を担当する事業会社は法的に別の実体である。このことは人材の異動にも影響を及ぼす。「事業会社ごとに法人格が異なることにより，同一社内の事業部間の異動よりも困難さが増す」（園田, 2005, p.131）可能性がある。さらに，事業会社では，それぞれが取り組む業界の条件に合わせた人事制度などを採用することが可能となる（青木・宮島, 2011）。事業会社間での人事制度の違いは同じ産業で競争を行う他の企業との競争上必要である反面，それが事業会社間での人的な異動をさらに困難なものとしている可能性がある。もちろん，事業部やカンパニーであっても，優秀な人材が囲い込まれ，組織単位横断的な人材の異動がうまく機能しないという問題は生じてきた。しかしながら，これらの問題は，同一の法人格内での分権化の形態である事業部制やカンパニー制をとる企業と比べ，法的な実体が異なり，人事制度も異なる純粋持株会社制ではより深刻な問題となる可能性がある。実際に，事業子会社間での人的な異動が行われないことによる問題が顕在化したいくつかの純粋持株会社は，グループ横断的な人的異動を行うためのメカニズムを設置している。たとえば，帝人では，グループ横断的な人事会議が創設された。帝人では，「中核子会社を軸にした人材活用を見直し，グループ全体を対象に弾力的に運用する」（日経産業新聞, 2007年9月4日）という目的のために，グループ横断的な人事会議を創設している[9]。また，富士電機グループでは，「六つの主要会社間で部長級百人前後を交流させる人事を実施する」（日経産業新聞, 2008年1月11日）と発表された。事業会社間での人材の異動は，事業会社の構成員に事業会社間での横の連携の必要性を知覚させる可能性がある。

　これは知識の移転の観点からも重要である。前節のセイコーエプソンの事例にもあるように，人材の異動は知識の移転において重要な役割を果たす。これ

は，実際の知識の移転の局面において，人が知識の重要な媒体となること以外にも，そもそも移転すべき知識があることを認識する際にも人が重要な役割を果たすのである。Davenport and Prusak（1998）によれば，そもそも誰がどのような知識を持っているかを知らないことが，知識の移転を抑制する要因の1つである。事業会社間での人材の異動はこの点を克服できる可能性がある。また，純粋持株会社役員に事業会社社長を兼任させる実務は，事業会社間における知識の所在をある程度明らかにする効果があるのかもしれない。さらに，日本ユニシスでは，知識の移転も目的の1つとして，グループ内の企業間横断的なメカニズムを設置している。新井（2006, p.381）によれば，日本ユニシスでは，従来，「グループ内で機能と人材が分散し，組織や情報のネットワークもそれぞれ独自に構築されていたために，グループ内の会社間の壁が厚く，技術知識も分散・局所化し，エンジニアのスキルも硬直化する傾向にあった」。こういった状況を打開し，グループ連結経営を促進する目的で，グループ企業の機能集約と事業分社化を行ったのである。知識の移転に関連した日本ユニシスの具体的な取組みとしては，知識移転の推進を目的としてナレッジセンターの設立（know-who情報の提供），および知識移転の課題解決のための全社横断的な技術委員会を立ち上げが行われている。このような取組みが行われることは知識の移転への直接的な効果とともに，組織成員に事業会社間での知識の移転の必要性の知覚を高める効果もあると考えられる。以上の諸点から，次の仮説が

9　帝人についていえば，その後，2012年度の中期経営計画において中核会社の段階的な統合を目指している。同社は組織改革の目的として次の3点を挙げている（CHANGE for 2016 ―革新と実行―（中長期経営ビジョン）2012年2月8日より）。個社（事業）最適からグループ全体最適への移行。市場/顧客を志向し，顧客にソリューションを提供できる組織への転換。技術を核にした成長を実現する基盤の強化。成長戦略の一翼を担う新事業開発強化。このための具体的な施策として組織の大括り化（中核会社の段階的な統合はこの一部），新事業開発推進組織の見直し，全社統括機能の強化がある。日経新聞（2012年2月9日）によれば，持株会社の導入当初のねらいは「個別事業の担当者に権限と責任を委譲し，遠心力を働かせることで各事業の競争力を底上げすること」であったが，近年では問題点が顕在化してきた。具体的には「子会社間で技術を融通する際にライセンス契約を結ぶ必要があったり，資産の移動で贈与税がかかったりする。各社が優秀な人材を抱え込むため，交流も進まない」との指摘もある。このことは，純粋持株会社制の採用時と現在との間で問題点に変化が見られることを示唆している。

第5章　純粋持株会社における事業会社間での知識の移転 ┃ *87*

設定できる。

　　仮説3　MCSの設計は，事業会社間での横断的な関係の重要性に関する事業会社
　　　　構成員の知覚に影響を及ぼす。

　従来，社会的な資本が個人間または組織単位間での知識の移転を促進するこ
とが，ネットワーク論者によって主張されてきた。同様に，知識のガバナン
ス・アプローチに基づいたGooderham *et al.*（2011）の研究においても，社会
的な資本の増大が，組織単位間での知識の移転を促進することが明らかにされ
た。これらのことから次の仮説を設定する。

　　仮説4　事業会社間での横断的な関係の重要性の認識は事業会社間での知識の移
　　　　転に影響を及ぼす。

2　環境の変化

　Gooderham *et al.*（2011）によって提唱された知識のガバナンス・アプロー
チの1つの問題点は，どのような環境において，組織横断的な知識の移転が必
要とされるのかを，十分に明らかにしていない点である。事業部制やカンパ
ニー制を採用している企業における事業部やカンパニーといった下位の組織単
位の編成の場合もある程度そうであるが，純粋持株会社制においては，事業会
社の自律性を高めるために，事業会社に切り分ける際には，他の事業会社との
間で技術的な基盤や顧客の基盤の重複ができるだけ少なくなるように設計され
ているはずである。このような事業会社間であっても，何らかの程度のシナ
ジーが求められるのは当然であるにしても，特に横の連携が強く意識される，
または必要とされるに至る状況とは，どういった状況であろうか。

　旭化成では，既存事業の推進体制としてケミカル・繊維，住宅・建材，エレ
クトロニクス，医薬・医療といった4つの事業領域で活動を行っている。しか
しながら，これらの事業分野を横断した形で，環境・エネルギー，住・暮らし，
医療という3つの重点分野が設定されている（アニュアルレポート2012）。これ
らは，技術環境や市場環境の変化が，事業会社間の連携を必要とさせている
ケースと考えることができる。

純粋持株会社制をとる企業グループであっても，既存の事業会社というくくりが必ずしも適切でない状況では，横の連携がますます強く意識されると考えられる。この既存の事業会社というくくりの適切性の程度に影響を及ぼす1つの要因として，技術や市場環境の変化が考えられるのである。

仮説5　グループ企業の直面している技術また市場環境の流動性の高さは，事業会社間の横断的な連携の必要性に影響を与える。

Ⅴ　おわりに——今後の課題

　本章では，純粋持株会社制をとる企業グループにおける，事業会社間での知識の移転について，Gooderham *et al.*（2011）の研究に基づいて，知識の移転モデルを提示した。そして，この知識の移転モデルに基づいて，MCSの設計や利用方法が，企業グループの構成員による事業会社横断的な関係の重要性の知覚を媒介として，事業会社間での知識の移転にどのような影響を及ぼすかを検討し，いくつかの仮説の提示を行った。そこでは，MCSの設計や利用方法，および企業グループが直面している技術・市場環境の変化の割合が，グループ企業の構成員による事業会社横断的な関係の重要性の知覚に影響を与える可能性があることを仮説として提示した。さらに，事業会社横断的な関係の重要性の知覚が高い状況では，シナジーの発揮の観点から，事業会社間での知識の移転・共有が促進される可能性があることを指摘した。

　今後は，ここで提示した知識の移転モデル，さらにそれに基づいた一連の仮説が，純粋持株会社制を採用している企業グループの事業会社間での知識の移転をどの程度説明できるかを，インテンシブなケース研究または質問票調査を通じて明らかにすることが課題である。

（付記）本研究はJSPS科研費JP26245048の助成を受けたものである。

第5章　純粋持株会社における事業会社間での知識の移転 **89**

● 参考文献

Adler, P.S., and Seok-Woo. Kwon. 2002. Social Capital: Prospects for a New Concept. *Academy of Management Review* 27(1):17-40.

Bhimani.Al., and H.Roberts. 2004. Management Accounting and Knowledge Management: In Search of Intelligibility. *Management Accounting Research* 15(1):1-4.

Davenport, T.H., and L.Prusak, 1998. *Working Knowledge – How Organizations Manage What They Know –*. Harvard Business School Press.

Gooderham, P., D.B.Minbaeva, and T.Pedersen. 2011. Governance Mechanisms for the Promotion of Social Capital for Knowledge Transfer in Multinational Corporations. *Journal of Management Studies* 48(1):123-150.

Gupta, A. K., and V.Govindarajan. 2000. Knowledge Flows within Multinational Corporations. *Strategic Management Journal* 21:473-496.

Kogut.B., and U.Zander. 1992. Knowledge of the Firm, Combinative Capabilities, and the Replication of Technology. *Organization Science* 3:383-397.

Merchant, K.A. 1998. *Modern Management Control Systems: Text and Cases*. New Jersey: Prentice Hall.

Otley, D.T. 1978. Budget Use and Managerial Performance. *Journal of Accounting Research* 16(1):122-149.

Porter, M.E. 1985. *Competitive Advantage – Creating and Sustaining Superior Performance*. New York: Free Press. (土岐坤・中辻萬治・小野寺武夫訳. 1985. 『競争優位の戦略―いかに高業績を持続させるか―』ダイヤモンド社).

Szulanski, G. 1996. Exploring Internal Stickiness: Impediments to the Transfer of Best Practices within Firm. *Strategic Management Journal* 17:27-43.

Tsai, W., and S.Ghoshal. 1998. Social Capital and Value Creation: the Role of Intrafirm Networks. *Academy of Management Journal* 41(4):464-476.

青木英孝・宮島英昭. 2011. 「多角化・グローバル化・グループ化の進展と事業組織のガバナンス」. 宮島英昭編著『日本の企業統治』東洋経済新報社:245-288.

浅田孝幸・塘誠・頼誠. 2012. 「純粋持株会社におけるマネジメント・コントロールの現状と課題」『會計』174(3):103-118.

新井敦. 2006. 「技術経営の発想によるIT企業での技術知識の活用」『UNISIS TECHNOLOGY REVIEW』84:373-385.

福田淳児. 2010. 「事業部間での知識移転と管理会計システムの設計」『経営志林』47(2):1-16.

福田淳児. 2013. 「事業部間での業績の比較可能性と知識移転の頻度」. 企業価値評価研究会

編『企業価値向上の戦略』税務経理協会.

福田淳児・木村登志男. 2013.「事業部間での知識の移転―セイコーエプソン株式会社のケース―」法政大学イノベーション・マネジメント研究センターワーキングペーパーシリーズ No.46.

石塚浩. 1999.「グループ経営―子会社間協力の形成」『情報研究』22:13-23.

園田智昭. 2005.「持株会社による企業グループ管理の課題―特にシェアードサービスの導入について―」『三田商学研究』48(1):127-136.

塘誠. 2009.「日本の純粋持株会社におけるポートフォリオ・マネジメント」『経済研究』 183/184:119-143.

頼誠・浅田孝幸・塘誠. 2012.「持株会社本社の統治力としての求心力とは何か―その基盤としてのMCSの考察―」『メルコ管理会計』5(1):15-30.

◆新聞の記事

日経産業新聞, 2007年9月4日, 2008年1月11日および2012年2月9日.

◆各社のホームページ

旭化成株式会社. 2003. アニュアルレポート2003　2003年3月期.
(http://www.asahi-kasei.co.jp/asahi/jp/ir/presentation/annual/03j.pdf)

旭化成株式会社. 2012. アニュアルレポート2012　2012年3月期.
(http://www.asahi-kasei.co.jp/asahi/jp/ir/presentation/annual/12jp.pdf)

富士電機ホールディングス株式会社. 2004. 株主の皆様へ　第128期報告書平成15年4月1日～平成16年3月31日.
(http://www.fujielectric.co.jp/about/ir/pdf/business_report_archive/so128_04.pdf#page=19)

富士電機ホールディングス株式会社. 2009. アニュアルレポート2009　2009年3月期.
(http://www.fujielectric.co.jp/about/ir/pdf/ar2009/all.pdf)

JFEホールディングス株式会社. 2003. 株主の皆様へ　第1期事業報告書.
(https://www.jfe-holdings.co.jp/investor/zaimu/g-data/jfe/15/15-jigyou.pdf)

コニカミノルタホールディングス株式会社. 2003. コニカミノルタグループ基本経営戦略説明会（2003年8月28日）.
(http://www.konicaminolta.jp/about/investors/pdf/plan/bs_2003.pdf)

帝人中期経営ビジョン「CHANGE for 2016」
(http://www.teijin.co.jp/ir/library/annual_report/pdf/ar_12_03.pdf)

（福田淳児）

事業会社間での知識の移転
―― サントリーグループの事例

I　はじめに――問題意識

　グループ経営の重要性に対する認識の高まりとともに，グループとしての価値をいかに向上させるかが重要な課題となっている。純粋持株会社制は，グループ経営を実施するための組織設計の1つである（園田, 2005）。

　純粋持株会社制では，純粋持株会社はグループ全体にわたる戦略の策定とその実行に集中し，事業会社は各事業領域での戦略の策定や業務の遂行に集中することができる（田中, 2004；青木・宮島, 2011）。このため，分権化を徹底する目的で，純粋持株会社制へ移行した企業も多く見られる。分権化の徹底のために，純粋持株会社制を採用した企業グループでは，個々の事業会社の自律性を高めることで，市場環境の変化に対する事業会社のレベルでの戦略的な適応力が高まる可能性がある。しかしながら，必ずしもこのことが，グループ全体として最適な結果をもたらしてはいないと解釈される事例も存在する[1]。

　同じ純粋持株会社の傘下にある事業会社間での知識の移転・共有は，事業会社間での効果的な連携の1つであり，またさまざまな連携のための前提条件の1つであると考えられる（Kogut and Zander, 1992）。

　純粋持株会社制を前提とした場合に，どのような要因が，事業会社間での知

1　たとえば，第5章で取り上げた富士電機グループや帝人グループの事例を参照。

識の移転・共有を促進するのか，または抑制するのかについては，これまで十分な研究の蓄積がなされていない。この点を明らかにするためには，事例研究を積み重ねていくことが不可欠であろう。本章では，事業会社間での知識の移転・共有を促進するマネジメント・コントロール・システム（MCS）の設計や利用方法を明らかにする目的で，サントリーグループにおいて共通機能を担当している部署を中心に2回にわたるインタビュー調査を実施した[2]。結論からいえば，サントリーグループでは，組織構造や会議体，さらに人事制度といったMCSが直接的に，またはグループ企業構成員の知覚を通じて，事業会社間での知識の移転・共有を効果的に実行している。

本章の構成は，次のとおりである。次節では，インタビュー調査に基づいて，サントリーグループにおける事業会社間での技術的な知識の移転の事例，またそれを取り巻く状況を説明する。第Ⅲ節では，サントリーグループにおける事業会社間での知識の移転の事例を，知識の移転に関して第5章で提示された研究モデルに基づいて検討する。そして，第Ⅳ節では，本章での発見事項を整理するとともに，今後の研究課題を明らかにする。

Ⅱ　サントリーグループの事例

1　サントリーグループの概要と組織の構造上の変遷

サントリーグループは，ビール類やウイスキーをはじめとする酒類，および清涼飲料水を製造・販売する企業グループである。2014年度の連結売上高は2

2　サントリービジネスエキスパート社への聞き取り調査は，2回にわたり実施された。第1回目は，2014年8月22日に同社の執行役員企画部長ならびにビジネスシステム本部人事給与センター長にご協力を賜り，福田（筆者）が1時間25分の聞き取り調査を実施した。第2回目は，2015年3月5日に，同社のビジネスシステム本部人事給与センター長，技術開発本部生産技術部部長およびビジネスシステム本部人事給与センター課長にご協力を賜り，1時間10分の聞き取り調査が実施された。このときのインタビューワーは園田智昭，高久隆太，横田絵理，内山哲彦および福田である。なお，同社は2017年4月1日に3社に分割されているが，本章ではインタビュー時の社名で記述している。

第6章　事業会社間での知識の移転　93

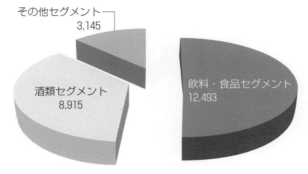

図表6-1　サントリーグループのセグメント別売上高
（単位：億円）

その他セグメント 3,145
酒類セグメント 8,915
飲料・食品セグメント 12,493

（出所：サントリーホールディングス株式会社2014年12月期　決算概況（連結）より筆者作成）

兆4,552億円，経常利益は1,538億円である。セグメント別の売上高は**図表6-1**に示すとおりである。また，2014年末の時点での従業員数は37,613人である。

　サントリーが，純粋持株会社制に移行したのは，2009年である。純粋持株会社制への移行目的として，佐治信忠氏（社長（当時））は，変化の激しい市場への対応力を強めるために，「各事業会社がより機動力を発揮しやすい体制，そして，変化に力強く対応できる人材育成」（サントリーCSRレポート，2009，p.5）を行うことをあげている。サントリーグループでは，純粋持株会社制に移行することで，「"グローバル総合酒類食品企業"を目指し，さらなる持続的成長とサントリーグループ全体の企業価値の最大化を図るため，"グループ経営"と"事業執行"を分離させる新たなグループ経営体制を構築」（サントリー社ニュースリリース，No.10197，2008年8月18日）することをねらったのである。

　純粋持株会社制への移行以前に，サントリーでは，事業部制，事業本部制をへて，2003年には社内カンパニー制を採用していた。社内カンパニー制は，事業単位の意思決定の迅速化および利益責任の明確化を図るために採用された。純粋持株会社制への移行にあたっては，この社内カンパニーが母体となって事業会社が設立された。また，従来，本部の直轄組織であり，経営企画，財務，経理，人事などを担当し，「グループ全体の視点から企業価値を高める」（サントリーCSRレポート2005　詳細版，2005，p.10）機能を持っていたコーポレート部

図表6-2　サントリーグループの組織構造

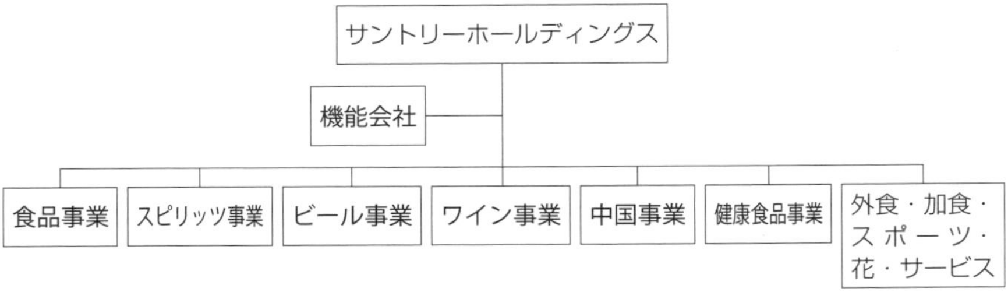

```
        サントリーホールディングス
                │
        機能会社 │
  ┌────┬────┬────┬────┬────┬────┬────┐
食品事業 スピリッツ事業 ビール事業 ワイン事業 中国事業 健康食品事業 外食・加食・
                                              スポーツ・
                                              花・サービス
```

（出所：サントリーグループ・ホームページより筆者作成）

門を母体としてホールディングスが設立された。さらに，「共有メリットが大きい事業運営機能を担う」（サントリーCSRレポート2005　詳細版, 2005, p.10）ビジネスサポート部門を母体としてサントリービジネスエキスパート株式会社（以下，「SBE社」と略）が設立されたのである。

　サントリーグループの現行の組織構造は，**図表6-2**に示すとおりである。純粋持株会社であるサントリーホールディングスのもとに，食品事業，スピリッツ事業およびビール事業などの事業会社が位置づけられている。純粋持株会社のミッションは，「中長期のグループ企業価値の最大化に集中・特化」することにあり，事業会社のミッションは，「事業の独立盛況化により，自律成長を加速化」することにおかれている（2014年8月22日配布資料より）。さらに，ホールディングスの直轄の組織として，「共通業務の集約・標準化により，効率化を推進」（2014年8月22日配布資料より）するミッションを与えられた機能会社が位置づけられているのである。

2　サントリービジネスエキスパート株式会社（SBE社）

(1)　SBE社の組織

　機能会社の1つとして位置づけられるSBE社は，**図表6-3**に示すように，6つの本部から構成されている。

　サントリーでは従来から，原料の調達，マスメディアへの対応，生産技術さらに品質保証といった業務については，事業間での共通性が高いために，個々の事業単位にこれらの業務を位置づけるのではなく，全社で集約して業務を遂

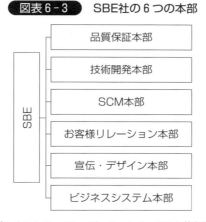

図表6-3　SBE社の6つの本部

（出所：サントリーグループ・ホームページより筆者作成）

行していた。たとえば，原料の調達についてみると，事業間で共通する原料が数多く存在している。生産技術についても，内容物（飲料）を容器に詰め，栓をして，ラベルを貼るという点では，事業間で同様の技術が必要とされる。また，品質保証についても，事業間で缶とペットボトルの違いはあるが，ビール事業と他の飲料事業であっても，容器に飲料を詰めるという点では共通している。このために，品質保証の知識についても，事業間で大きく異なる点はない。

　純粋持株会社制への移行にあたって，従来共通機能を担っていたビジネスサポート部門がSBE社にかわったと認識されており，自分たち自身が大きく変化したという意識はない[3]。ただし，従来，社内の一部門であったビジネスサポート部門が，SBE社という法的に独立の企業体にかわることで，SBE社内でのコスト意識は強くなった。これは，SBE社内において，費用予算と同時に売上予算をたてる必要があり，結果として利益数値が計算されることも原因である。後述するように，SBE社の本部の1つである技術開発本部の売上は事業会

---

[3] ただし，サントリー食品株式会社は東京証券取引所への上場以降，同社の独立性を担保するために，ある程度独自の機能本部を有している。この点では，サントリーグループにも変化が見られる。

社に対する技術開発プロジェクトの工数に一定の利益を上乗せして計算される。SBE社にとっては，この売上の金額を増やすこと自体が目的ではない。このため，利益を確保するために，必然的に費用をいかに低減するかにより目が向けられることとなる。ただし，コスト意識の高まりは，必ずしも利益に直結しない技術的なテーマにかける工数が減ってしまうなどのデメリットを招いていると感じられている。

(2)　共通機能を括り出すことのメリットとデメリット

事業会社間で共通性の高い機能を，SBE社に集約して位置づけることのメリットとしては，以下の点が指摘されている。第1に，共通機能をSBE社に位置づけることで，グループ内の多様な事業を横串を通して見ることが可能となる点である。これによって，ある技術を多様な事業に横断的に適用することが比較的容易となる。第2に，トラブルが生じた際に，迅速に対応することが可能となる点である。グループ内の企業に何らかのトラブルが発生した場合に，その情報がSBE社内の技術開発本部に入ることで，全事業会社・全工場に対して，迅速に対応をとることが可能となる。

他方，これらの機能をSBE社に位置づけることのデメリットとして，事業会社への技術導入に時間がかかる場合があることが指摘された。サントリーグループでは，技術開発に関わる予算自体は技術開発本部が有しているが，予算設定時点で，各事業会社との協議を通じて，各事業会社へのチャージ額を決定するしくみとなっている。このため，技術開発部門の考えを事業会社の意思決定に反映してもらうためには，事業会社との間で情報共有を行うことで，ある技術を採用することのメリットを説明し，彼らを説得することが必要となる。このため，技術導入に対して，時間がかかることもありうる。

(3)　SBE社が培った成果の展開

SBE社の各本部で培われた成果を各事業会社に展開する局面では，各事業会社にそれぞれの本部に対応する組織が存在するか否かによって，その展開方法が異なる。たとえば，技術開発本部に対応する組織として，各事業会社には生産部が存在する。この状況では，各事業会社に属する工場に技術開発本部で得

られた成果を導入しようとする場合には，技術開発本部と各事業会社の生産部が話し合いを行いながら，新しい技術的な知見の導入が行われる。これに対して，品質保証本部に対応する組織は，事業会社には存在しない。このため，SBE社の品質保証本部の担当者が直接工場におもむき，新しい知見の導入のための活動を行うことになる。このような運用が可能となっているのは，サントリーグループ全体が１つの会社として運営されているためであるとされている。

3　技術開発プロジェクト

(1)　技術開発部門の組織

技術開発本部は，「商品開発・製造の基盤技術の開発，また，『ものづくり』を担う人材の育成を担当する」（サントリーグループ・ホームページより）部門である。技術開発本部は，生産技術に関連した業務を担う「生産技術部」および「もの作りスキル・ナレッジセンター」，研究開発部署の総務的な機能を担う「R&Dサポートセンター」，自動販売機などの販売機材の開発などを行う「機材開発部」，さらに現時点での一時的な組織ではあるが新規に研究所を建設するために短期的に設定されている「プロジェクト・チーム」から構成されている。

このうち，生産技術部は，生産技術に関連した技術開発ならびにコスト・ダウン，既存プロセスの改善などを主に担当する部門である。実際の業務の遂行にあたっては，各事業会社と共同で，生産技術に関連した開発案件に取り組むことになる。

(2)　２つのタイプの技術開発プロジェクトのテーマ

生産技術部が関与して行われる技術開発プロジェクトのテーマには，大きく２つのタイプがある。１つ目のタイプのテーマは，生産技術部と事業会社との間で定期的に開催される会議の場での議論を通じて認識されるものである。生産技術部は，主に食品，スピリッツそしてビールを扱う３つの事業会社との間で個別に，３ヵ月に１度の頻度で，技術開発テーマ会議を開催している。技術開発テーマ会議への参加メンバーは，事業会社の側からは，生産部に所属する開発担当者，生産現場の担当者および生産スタッフである。他方，生産技術部

からは，サニテーショングループ，プロセス・エンジニアリングのグループ，パッケージング・エンジニアリングのグループのそれぞれの担当者ならびに情報化担当のエンジニアが参加する。これに対して，2つ目のタイプのテーマは，生産技術部門が技術的なシーズを有しており，この技術的なシーズを活用することで，開発を進めていくケースである。この場合には，当該技術の各事業会社の業務への期待される貢献度に基づいて，各事業会社に予算の配分を求める。

(3)　技術開発に関わる中期方針と予算設定

　SBE社では3年ごとに中期計画が設定される。技術開発本部は，各事業会社との間で開催される技術開発テーマ会議での議論を踏まえ，SBE社内における中期計画の一環として，技術開発に関する中期方針を設定する[4]。中期方針では，おおまかな開発テーマやコスト・ダウン・テーマが設定される。この中期的な方針を踏まえて，毎年10月にスタートするグループ企業における予算編成会議において，生産技術部と各事業会社との間で，次年度の具体的な技術開発テーマが設定されるのである。次年度の技術開発テーマの選定にあたっては，SBE社が有している中期的な方針とともに，各事業会社の開発事項についての優先順位が反映されることとなる。

　生産技術部と各事業会社の実務担当者との間で設定された次年度の技術開発テーマは，当該事業会社の実務担当者が事業会社に持ち帰り，次年度の開発プロジェクトとして，事業会社トップに報告をあげる。他方，生産技術部も，各事業会社との間で設定した次年度の開発テーマを自部門に持ち帰り，次年度の予算設定を行う。具体的には，各事業会社との間で設定された技術開発テーマに対して配分される工数に基づいて算定された人件費，各テーマを遂行するために工場などへ出張するための費用，場合によっては，開発案件を大学に依頼し研究してもらうための費用，パイロット設備をつくるための費用等に基づい

4　なお，より長期的なレンジでの技術開発上の方針も設定される。生産技術部では，サントリー全体のコア技術として，サニテーション技術，省エネ技術およびエンジニアリング面からアプローチする技術があると考えている。過去10年，20年間の変遷を踏まえ，これから10年間での自社の方針を明らかにするのである。

第6章　事業会社間での知識の移転　┃　99

て，予算は構成されている。期中に，突発的な状況が発生し，予算との間に大きな乖離が生じる可能性がある場合には，事業会社とのやりとりのなかで問題が解決される。

　技術開発プロジェクトにかかわる予算は，技術開発本部と事業会社との間で，個々のプロジェクト・ベースではなく，むこう1年間における包括契約の形で設定される。技術開発本部は次年度に予定されているさまざまなプロジェクトに必要とされる工数を見積もり，それらの工数を積み上げる。技術開発本部はこの積み上げた工数をもとに，各事業会社に対するプロジェクトの貢献度に基づいて，チャージ額を請求する。その際に，技術開発本部の利益として一定の利益が上乗せされる。ただし，事業会社の業務とは直接的に関連性のみられないプロジェクトについては，技術開発本部が，ホールディングスに対して予算申請することもある。

　なお，技術開発本部には，必要とされる工数に対して，一定の利益を上乗せして事業会社にチャージ額を請求することで，計算上，利益が算定される。しかしながら，技術開発本部の目的は，この利益を増やすことではなく，あくまで事業会社の利益を増加させることにある。SBE社内の感覚としては，従来どおりコスト・センターとしての認識を，なお強く有しているとのことであった。

4　サントリーグループにおける技術的な知識の移転

　サントリーグループにおける事業会社間での技術的な知識移転の事例の1つとして，ここでは食品事業会社からビール事業会社へのサニタリー技術にかかわる知識の移転を取り上げよう。

(1)　「伊右衛門」のサニタリー技術に関する技術開発プロジェクト

　「伊右衛門」は，サントリーが，京都の老舗の緑茶メーカーである福寿園との間で共同開発を行った緑茶飲料である（日本経済新聞，2004年1月21日）。2004年3月に発売が開始され，その直後から一時生産が追いつかなくなり，生産工場を増加させる措置を講ずるほどの売上高を記録している（日本経済新聞，2004年3月22日）（図表6-4参照）。

　「伊右衛門」の開発は，発売に先立つ数年前から実施されていた。この「伊

(出所：本図表の基となったデータは，サントリーグループより提供を受けた。)

右衛門」の開発から販売開始にかけては，サントリーが事業本部制から社内カンパニー制へと移行する時代であった。

「伊右衛門」の開発にあたり，生産技術部門と食品事業部との間で定期的にもたれる技術開発テーマ会議において，緑茶飲料の「中身特性」と「保障すべき衛生上の特性」との関係が議論の遡上にのぼった。当時は，緑茶飲料の殺菌のための技術といえば，緑茶を加熱・殺菌することであった。しかし，緑茶を加熱・殺菌すると，お茶の香味や色に変化が生じてしまう問題があった。「伊右衛門」の開発にあたって，衛生上の基準をクリアしながら，中身特性をさらに向上させる新しいサニタリー技術の探索が，食品事業部の技術開発ニーズとして認識されたのである。

この技術開発テーマに対して，生産技術部門と食品事業部との間で，技術開発プロジェクトが組織されることとなった。プロジェクトのメンバーは，次のとおりである。事業部の側からは，工場のエンジニアリング担当者，工場で飲料の中身を担当している人，食品事業の商品設計の部署の担当者[5]である。他方，技術開発部からは，工程内の衛生状態の確立に責任を有している，生産技術部門のサニテーショングループの担当者がメンバーとして加わっている。な

---

5 商品設計の部署の担当者とは，伊右衛門のレシピを変えることのできる人を意味している。すなわち，こういう味にするために伊右衛門のレシピをこう変更するといえる権限を有した担当者である。

お，プロジェクトではその進捗に応じて，必要なメンバーを新たに加えるケースもある。たとえば，事業会社との間で新たに開発された技術を具体的に工場に適用する場合に，適用対象となる工場の担当者が，新たにプロジェクト・メンバーとして加わることもありうるのである。

プロジェクト・リーダーは，技術課題，生産技術部門の工数および工場などの状況を加味して，最終的に決定される。生産技術部の担当者がプロジェクト・リーダーになることもあれば，事業会社側の担当者がリーダーとなり，生産技術部の担当者がサポートを行う立場になることもある。「伊右衛門」のサニタリー技術に関わるプロジェクトでは，技術開発部のサニテーション担当者がリーダーとなった。ただし，プロジェクトのリーダーは，プロジェクト単位での利益責任は負わされない。

プロジェクトの期間も，課題によって3ヵ月から2年程度と大きく異なる。「伊右衛門」のサニタリー技術に関わるプロジェクトのケースでは，開始から半年程度で一応の成果を得て，プロジェクトが修了した。

「伊右衛門」のサニタリー技術に関わるプロジェクトでは，以下の諸点が問題として認識され，プロジェクトにおいて解決に向けた取組みがなされた。

◆人間の衛生上，よくない微生物が何であるのか。
◆その微生物は，飲料の中でどうやって増殖するのか。
◆当該微生物の増殖をどのように制御するのか。
◆制御した結果をどのように確認するか。

プロジェクトでの開発への取組みの結果，緑茶を加熱・殺菌するという従来の方法にかえて，ペットボトルにお茶を充填する充填室の環境の制御を行うという新しいサニタリー技術が確立されたのである。これは，「無菌充填」（サントリーニュースリリースNo.8647，2004年1月20日）とよばれる新しい技術である。

(2) 「伊右衛門」から「オールフリー」へのサニテーション技術の移転

サントリーグループにおいて，生産技術に関連した新しい取組みを行おうとする場合，組織の構造上，SBE社の技術開発本部が関与することになる。生産技術部とビール事業会社との技術開発に関するテーマ会議の席上で，「中身特

性」と「保障すべき衛生上の特性」との関係が問題となった。このテーマ会議に出席をしていた生産技術部の担当者が，ビール事業会社においても，食品事業会社と類似したサニタリー技術に関わるニーズがあることに気がついたのである。事業会社が持っている技術開発のニーズを認識し，この問題を協力して解決すること，またすでにその問題と類似の問題を解決した事業会社があるのであれば，その事業会社から当該事業会社への技術的な知識の仲介を行うことが生産技術部の重要な役割の1つとして認識されている。今回のケースにおいても，生産技術部の担当者の気づきが，「伊右衛門」で培ったサニテーション技術を「オールフリー」に移転するきっかけとなったのである。

　ただし，「伊右衛門」と「オールフリー」とでは，当然ながら中身自体の特性が異なっている。このため，「伊右衛門」で培ったサニテーション技術を移転するにあたっては，それが「オールフリー」の製造工程に適用可能であるのかの判断が新たに必要とされる。さらに，そのうえで，必要なプロセスの開発を行うことが必要となった。この判断やプロセス開発を行うために，「オールフリー」の中身開発の担当者および工場の担当者，さらに技術開発本部の担当者の間で，「伊右衛門」で培ったサニテーション技術の移転のためのプロジェクトが組織されたのである。この新しいプロジェクトに対しては，技術開発本部でプロジェクトの遂行に必要な工数が計算され，ビール事業会社への新たなチャージが発生することになる。「伊右衛門」のサニテーション技術に関わるプロジェクトで培った技術上のノウハウを有している食品事業会社の担当者は，このプロジェクトの一員には含まれてはいなかった。しかし，「伊右衛門」のサニタリー技術を「オールフリー」の製造工程に適用するにあたり，必要に応じてアドバイスを行っている。

　なお，サントリーグループでは，技術開発本部が各事業会社との間で共同で開発，蓄積した知見，知財およびノウハウは，将来的に他の事業会社への適用が予想される場合には，各事業会社の所有としてではなく，ホールディングスの所有と見なして管理を行うこととなっている。

(3)　既存の設備および工程の改善の事例
　次に，サントリーグループにおける既存設備の改善に伴う，知識の移転の事

例を見てみよう。2013年に酒類事業会社に属する利根川ビール工場の排水処理施設で爆発事故が発生した（日本経済新聞，2013年6月20日）。排水処理を行う施設で，改造作業中にメタンガスに引火したことが原因であった。利根川工場では，好気性の排水処理とともに，有機物を含む排水を生物処理して基準値以下にして，河川に放流する嫌気性の排水処理も実施している。有機物をメタンガスと炭酸ガス，そして水に分解する嫌気性の排水処理は，有機物を燃料として使用できることから効果的な処理方法であると考えられる。その排水処理工程の一部で，事故が発生したのである。

　事故が起こった原因の追求が，利根川工場の担当者，排水処理メーカー，そしてサントリーグループにおいて排水技術を扱っている生産技術部との共同で行われた。その結果，事故が生じた理由は，作業者が火気を使用してはいけない区域で火気を使用したということが一番であったが，そもそもその区域においてメタンガスが発生すること自体が想定されていなかったことも判明した。他の工場についても，すぐに同様の調査を行うと，同じ区域でメタンガスが発生していることがわかった。このために，利根川工場でとられた方策が，他の11工場すべてに，迅速に横展開されたのである。

5　生産技術部門およびその担当者の評価

　生産技術部門は，予算編成期間中に，次年度の技術開発に関わるプロジェクトを各事業会社との間で決定する。生産技術部門の評価基準の1つは，ここで設定されたプロジェクトの達成度合いおよびコスト削減目標の達成度合いである。また，半期ごとに，技術開発本部の報告会が開催される。この報告会には，各事業会社の生産・研究関係の担当者，およびホールディングスの生産・研究関係者が出席する。この報告会において，技術開発本部の全社へのコスト貢献が「アピール」される。取り組んでいるプロジェクトの成果や省エネ技術を工場に適用したことに伴うコスト低減額を算定することで，グループ企業にとってどのくらいの原価の低減効果があったかが，金額ベースで試算され報告されている。また，将来の技術開発のためのシーズの開発がどのフェーズまで進捗しているかも報告される。さらに，各事業会社が設備を導入するにあたり，技術開発本部が関与することによる設備導入コストの低減額も計算し，報告され

る。現在進行中のプロジェクトの進捗度もこの報告会において言及される。ただし，すでに開発された技術の事業会社間での横展開については，現在のところ，評価されるしくみは存在していない。

　3ヵ月に1度，各事業会社との間で開催される技術開発テーマ会議の席上においても，各技術開発プロジェクトの進捗状況が確認される。このとき，進捗が遅れているプロジェクトについては，遅れの理由が明確にされ，人員を増やすなど今後の対応策が考えられる。場合によっては，プロジェクト自体が中止になることもあり得る。

　技術開発部門の担当者の人事考課については，マネジャー，また当該担当者が所属するグループの長によって行われる。人事考課については，事前に上司との間で決定されていた仕事を1年間でどこまで進捗させることができたかが評価基準となる。テーマの進捗確認が年初，期中，そして年の終わりに行われる。

　技術開発本部の担当者の人事交流については，基本的には生産技術に関わる仕事を担当している生産技術部やもの作りスキル・ナレッジセンターの担当者を対象に行われる。技術系の人材は技術に関わる仕事をしながら，SBE社と事業会社間，または事業会社間を異動する。ここで1つ特徴的であるのは，SBE社および各事業会社に所属する生産技術関連の従業員は，すべて旧サントリー株式会社の出身者であるという点である。この人材の異動にあたっては，各事業会社の技術系のマネジャーとホールディングスの技術系のマネジャーが中心となって決定を行っている。新しいプロジェクトが発足する場合には，そのプロジェクトに必要とされる知識を有する人材が異動するケースや，個人の能力の育成の観点から人材の異動が行われるケースも存在する。また，知識の移転を念頭において，人材を異動させる場合もある。たとえば，利根川工場で経験を積んだ人々を飲料の別の工場に異動させることで，利根川工場で培ったノウハウを新しい工場に適用することが期待されているのである。

Ⅲ 事例の検討

本節では，サントリーグループにおける事業会社間での技術的な知識の移転を，前章で提示した知識の移転モデル（**図表5-2**）に基づき検討しよう。

サントリーグループにおいて特徴的であるのは，組織の構造的な特性[6]が，事業会社間での知識の移転に重要な役割を担っている点である。サントリーグループでは，各事業会社から共通性の高い諸機能を括り出し，SBE社に集約している。生産技術もその1つである。このため，各事業会社が，生産技術に関わる開発案件に取り組む場合には，SBE社にある生産技術部と協力することが不可欠である。事業会社と生産技術部との間で取り上げられる技術開発プロジェクトのテーマは，両者の間で個別に，定期的に開催される技術開発テーマ会議を通じて認識され，事業会社と生産技術部との間でプロジェクト・チームが組織される。ある事業会社との技術開発テーマ会議の席上，過去に生産技術部が他の事業会社との技術開発案件で培った技術的知識が利用可能であると考えられる案件が議題にのぼれば，生産技術部が当該事業会社への技術的な知識の移転をサポートする。生産技術部の存在は，組織内のどこに必要な知識が存在しているのかが不明であるという問題を，ある程度解決している[7]。また，このような組織設計および会議体の設定が，事業会社の構成員にサントリーグループの他の事業会社とつながりを間接的にではあるが知覚させる要因となっている。

サントリーグループにみられる人的な異動も，同グループの大きな特徴である。同グループでは，生産技術系の人材は生産技術に関わる仕事をしながら，SBE社と事業会社間，または事業会社間を異動する。一般的には，事業会社間での人的な異動は，「事業会社ごとに法人格が異なることにより，同一社内の

6　Malmi and Brown（2008）は，過去の研究に基づいて包括的なMCSパッケージを提唱している。彼らによれば，組織構造は管理上のコントロール（administrative controls）を構成する要因の1つであると位置づけられている。

7　この問題に対処するために，いくつかの企業では，ナレッジ・マップや知識のイエローページが構築されているのである（Davenport and Prusak, 1998）。

事業部間の異動よりも困難さが増す」（園田，2005，p.131）。しかしながら，明示化が困難な知識，または組織内において意図的に明示化されていない知識の移転のためには，人の異動が重要である。サントリーグループにおいてもこの点を意図した人材の異動が行われている。同時に，このようなSBE社と事業会社間また事業会社間での人材の交流は，組織内に一体感を生み出すとともに，組織構成員に事業会社を超えた横の関係性を高く知覚させていると考えられる。なお，これを一層強めているのが，SBE社および各事業会社に所属する生産技術関連の従業員が，すべて旧サントリー株式会社の出身者であるということから生じる一体感であると考えられる。

　サントリーグループでは，これらの要因がグループ内の事業会社間での知識の移転を促進している。「伊右衛門」から「オールフリー」へのサニタリー技術の移転の局面で，「伊右衛門」で培ったサニテーション技術に関わるノウハウを有している食品事業会社の担当者が，「オールフリー」への技術的な知識の移転のためのプロジェクトの一員には含まれてはいないものの，必要に応じてアドバイスを行っているという事実もその1つの証左であろう。

　すなわち，サントリーグループでは，組織の構造的な特性や会議体，および事業会社横断的な人的な交流が直接的に，またはSBE社を介して間接的に，グループを構成している事業会社横断的な連携の必要性の知覚を高めているといえよう。このことが，サントリーグループにおける事業会社間で知識の移転をサポートしていると考えられる。

Ⅳ　おわりに——総括と課題

　本章の目的は，純粋持株会社制を採用した企業グループの事業会社間で，いかなるMCSの設計や利用方法が，グループ内の構成員による横の連携の必要性の知覚への影響を通じて，知識の移転や共有を促進するのかを明らかにすることであった。分権化を徹底する目的で，純粋持株会社制を採用したいくつかの企業グループでは，個々の事業会社レベルでは戦略的な対応能力を向上させることが可能であるが，事業会社間での横の連携がうまくとられないために，企業グループ全体としての対応力が低下する事例が見られた。本章では，事業

第6章　事業会社間での知識の移転 ▍ *107*

会社間での知識の移転・共有が，事業会社間での効果的な連携の１つであり，またさまざまな連携のための前提条件の１つであると位置づけた。

　サントリーグループでは，事業会社間に共通的な機能を，事業会社から機能会社であるSBE社へと括り出す組織設計が，事業会社間での知識の移転を促進する１つの要因となっていた。さらに，生産技術部と事業会社との間で定期的に開催される技術開発テーマ会議にも工夫が見られた。生産技術部は，各事業会社と個別に技術開発テーマ会議を開催するのであるが，その会議を通じて抽出された技術開発テーマが過去に他の事業会社と取り組んだテーマと共通性が高いものであると生産技術部の担当者によって認識されれば，過去に培われたプロジェクトの成果が他の事業会社に移転されるしくみとなっているのである。これに加えて，グループ内で行われている人事異動が，グループ構成員の事業会社横断的な協力の必要性の知覚を高めていると考えられた。

　サントリーグループの事例では，組織の構造的な特性や会議体，さらに人事制度といったMCSが，グループの構成員にSBE社を媒介とした横の連携の必要性の知覚を高めることで，または直接的に事業会社横断的な連携の必要性の知覚を向上させることで，事業会社間での知識の移転・共有を促進していた。

　ところで，サントリーグループは，事業間の関連性が比較的高いことが１つの特徴であった。このことが，共通機能を事業会社からSBE社に括り出すことを可能としている。また，技術的な知識の移転の潜在的な可能性に対する知覚も事業間の関連性の強さによって高められていると考えられる。しかしながら，純粋持株会社制を採用した企業グループのなかには，事業間の関連性が必ずしも高くない企業グループも多く見られる。このような企業グループにおいては，どのようなMCSの設計や運用が行われているのであろうか。今後，事業会社が営む事業の共通性が比較的低い状況において，事業会社間での知識の移転が行われている事例を考察することが必要である。

（付記） 本研究はJSPS科研費JP26245048の助成を受けたものである。

● 参考文献

Davenport, T.H., and L.Prusak, 1998. *Working Knowledge – How Organizations Manage What They Know –*. Harvard Business School Press.

Kogut.B., and Zander, U. 1992. Knowledge of the Firm, Combinative Capabilities, and the Replication of Technology. *Organization Science* 3:383-397.

青木英孝・宮島英昭. 2011. 「多角化・グローバル化・グループ化の進展と事業組織のガバナンス」. 宮島英昭編著『日本の企業統治』東洋経済新報社:245-288.

浅田孝幸・塘誠・頼誠. 2012. 「純粋持株会社におけるマネジメント・コントロールの現状と課題」『會計』174(3):103-118.

園田智昭. 2005. 「持株会社による企業グループ管理の課題—特にシェアードサービスの導入について—」『三田商学研究』48(1):127-136.

田中隆雄. 2004. 「企業再生のための経営統合と持株会社」. 田中隆雄・高橋邦丸編著『グループ経営の管理会計』同文舘出版:21-37.

◆新聞の記事

日本経済新聞　2013年6月20日，2004年1月21日および3月22日

◆各社のホームページなど

サントリーグループ企業情報（http://www.suntory.co.jp/company/?ke=hd）

サントリーニュースリリース，No.8647（2004年1月20日）およびNo.10197（2008年8月18日）

サントリーホールディングス株式会社　2014年12月期　決算概況（連結）

（http://www.suntory.co.jp/company/financial/pdf/results_201412.pdf）

サントリーCSRレポート2005詳細版

（http://www.suntory.co.jp/company/csr/report/2005/pdf/suntory2005_d.pdf）

サントリーCSRレポート2009

（http://www.suntory.co.jp/company/csr/report/2009/pdf/report_all.pdf）

（福田淳児）

第7章

移転価格課税リスクと企業グループ・マネジメント

I はじめに

　日本企業の本社（以下「本社」と略）と海外現地法人（以下「海外現法」と略）との間の取引について，恣意的に価格を決定し，所得を他方へ移転することが可能である。こうした行為は一方の国の税収減に繋がることから，多くの国は移転価格税制を導入し，租税回避の防止を図っている。近年，財政難に苦しむ各国は移転価格課税を一層強化しており，日本においても本社に対して更正所得金額が1,000億円を超える移転価格課税が行われるケース[1]が散見されている。移転価格課税が行われると二重課税が生じることとなり，それを排除することが必要となる。日本企業は，日本および海外現法の所在地国の双方の税務当局が移転価格課税を行うリスクを充分認識し，的確な対応を図ることが必要不可欠となってきている。そのためには，本社および海外現法を含めたグループ全体でのグローバル・マネジメントが求められる。

　また，かつて日本企業は欧米系企業に比べ，租税負担額をコントロールする

---

[1] 2006年6月武田薬品工業が約1,200億円の申告漏れを指摘されたと報道された。しかし，2013年3月に大阪国税不服審判所が課税処分を取り消す旨の裁決を下し，法人税等が還付された。また，2008年6月本田技研工業が約1,400億円の申告漏れを指摘されると見込まれると報道された。通常は，課税が行われた後に報道されるのであるが，本田技研工業は課税の可能性が高いと判断し，米国会計基準（FIN48）に従って，自ら公表した。なお，本田技研工業については，その後何ら公表されていない。

ことに積極的ではなかったが，昨今の経済状況下，グループ全体の租税負担額を最少化する租税戦略が必要となってきている。すなわち，租税負担額のグループ全体最適を考慮することとなるが，最少化を図ることが税務当局に所得移転と認められれば移転価格課税を受けることなる。さらに，製造機能の海外移転に伴い，知的財産のグループ管理が重要となってきている。本社が海外現法から受領するロイヤルティについては，移転価格税制の適用に当たり，困難かつ重要な論点となってきており，国際税務関連領域として適切なマネジメントが必要となってきている。このような状況において，本章では，移転価格税制を中心に国際税務に係る企業グループ・マネジメントの実態把握に努め，そのあり方についての考察を行う。

II 移転価格税制の概略

1 移転価格税制とは

企業は，グループ全体の租税負担額の最少化を求め，法人税率の低い国への所得移転を図ることがある。移転価格税制とは，日本企業と国外関連者との間における資産，役務，金融商品等の取引価格を操作することにより，各々の関連企業間で所得の移転を図る行為を規制するための税制である。なお，移転価格税制は，企業に所得移転の意図がなくとも適用される点に留意する必要がある。

日本の移転価格税制が適用されるのは，「日本法人[2]（日本国内に本店を有する法人であり，外資系企業も含まれる）」と「国外関連者」との間の取引である。ここで，国外関連者とは，外国法人のうち日本企業と次のような特殊の関係を有するものである。

---

2 移転価格税制を規定している租税特別措置法の条文では「法人」となっているが，本章では便宜上「企業」の用語を使用する。

第7章 移転価格課税リスクと企業グループ・マネジメント 111

① 親子関係（発行済株式等の50％以上を直接または間接に保有する関係）
② 兄弟姉妹関係（親会社に発行済株式等の50％以上を直接または間接に保有される子会社同士の関係）
③ 実質支配関係（役員の派遣，取引の依存等により実質的に支配している関係）

2 国家の課税権の衝突

国家は主権の1つとして課税権を有し，独自に租税法を制定している。近年，各国は自国の税収確保のために徴税を強化する傾向にある。企業のグローバル化の進展に伴い，二国間租税条約を締結し，課税権の一部を制限する，あるいは各国の税務当局が執行協力を行うことも増加してきているが，企業の課税所得に対して合同で法人税を課し，これを関係国で配分するシステムは構築されていない。

図表7-1のように企業会計においては，一定の海外現法を含めた連結会計が導入されているが，法人税に係る連結納税制度において海外現法は含まれていない。これは，国家の課税権が存在することによる。

3 移転価格課税により生じる二重課税

本社と海外現法との間の取引について移転価格課税が行われた場合，二重課税が生じることとなる。たとえば，図表7-2のように，本社が海外現法に対して100で販売していたところ，日本の税務当局が，独立企業間価格，すなわ

図表7-1 連結会計と連結納税の適用範囲

連結会計（範囲は実線内）

連結納税（範囲は実線内）

（出所：筆者作成）

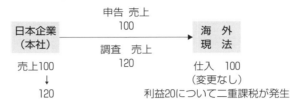

（出所：筆者作成）

ち第三者間価格は120であるとして，本社から海外現法への販売価格を120とする移転価格課税を行った場合，海外現法の所在地国では自動的に仕入価格を100から120へ増額されないことから，20については双方の所得に含まれ，かつ法人税を納付することとなり，二重課税が生じる。

　移転価格課税により二重課税が発生し，これを放置すると，企業は不利益を被ることとなる。このため，租税条約では，企業の申立てに基づき，二重課税を排除するために政府間協議（相互協議）を実施することが規定されている。しかし，合意するよう「努力する」義務が課されているものの，必ずしも合意することが課されているわけではない。この点について，企業側からは，二重課税が排除されない可能性が残ることを問題視する意見が出されていた。そこで，近年租税条約を新規に締結する際，または既存の租税条約を改定する際，第三者による仲裁条項を導入することが多くなってきた。仲裁条項が設けられていると，両国政府が合意に至らなくとも，仲裁人により合意が強制されることから，企業にとっては多少なりとも安心できる。

4　移転価格課税リスク

　移転価格課税リスクとして，①日本と海外現法所在地国の双方から課税を受ける可能性，②移転価格課税の結果，二重課税が発生する可能性，③その二重課税の排除を求めても実施されない可能性，といったリスクがあげられる。移転価格課税リスクが増大しているが，その背景に生産拠点および知的財産の海外移転が進展していることがあげられる。かつては，日本国内で製造された製品を海外現法に輸出，または海外現法で製造された製品を日本国内に輸入する

製品取引が主であったが，近年は，本社と海外現法間のロイヤルティ取引，役務提供取引が増加かつ複雑化してきており，移転価格税制適用のベースとなる第三者間価格（「独立企業間価格」）の算定が極めて困難となってきている。

Ⅲ　管理会計と移転価格税制

1　管理会計における移転価格税制の議論

1986年，日本で移転価格税制が導入された。米国等諸外国では，それ以前に移転価格税制を有していたことから，日本でも諸外国に合わせて税制を整備した次第である。米国で使用されていた "Transfer Pricing" の用語が日本に導入された際，租税法分野では「移転価格」と訳された。一方，管理会計分野では「振替価格」と訳された。移転価格税制は，国外関連者との取引を対象とすることから，国際振替価格が対象となるが，管理会計では，国際振替価格だけでなく，国内振替価格すなわち社内における事業部間等で振り替えられる価格も含む点で異なる。

租税法分野では，日本および諸外国の移転価格税制に係る条文の解釈，適用，判例，OECD租税委員会における議論等に関して多くの研究が行われてきた。一方，管理会計分野では，1980年代，宮本（1983），門田（1989）等によって振替価格に関する研究が，また，1990年代に佐藤（1992），清水（1999）によって業績評価と移転価格に関する研究，小畠・清水（1996）によって国際振替価格と移転価格に関する研究が行われている。

2000年代になると，管理会計分野においてアンケート調査に基づく実証研究が行われた。上埜（2007）によって移転価格の設定，役割についての研究が行われ，その後，李・上總（2009）による研究では，移転価格の設定目的，算定方法，事前確認制度の利用状況，税務調査等多岐にわたる項目が含まれ，企業の移転価格に関する行動について的確な分析が行われている。

従来企業にとっては，移転価格課税を含め税務当局から更正処分を受けたことに関する情報を自らディスクローズすることは稀有であった。課税の有無に関するアンケートに対しても回答を回避する傾向があったと思われる。しかし，

近年は，株主に対する情報提供が求められていることもあり，課税を受けた事実に関して自社のホームページ等で公表することが日常化している。第三者からすれば，企業に対する課税を把握しやすくなってきたといえる。今後は，企業自ら課税に関してディスクローズすることが増加するものと思われる。また，塘（2007）によってタックス・マネジメントと業績管理会計上の課題について，梅田（2012）によって国際振替価格管理システム構築の手順を示す等，移転価格に関するマネジメントについての研究が行われている。

2　本章の特徴

従来は，移転価格の設定の検討に重点が置かれており，移転価格課税後に生じる二重課税の発生およびその排除のために行われる相互協議（政府間協議）にまで言及されているものは少ない。移転価格課税の最終局面である相互協議に関して，企業が自ら解決したこと（すなわち合意したこと）を公表することがあるものの，相互協議の具体的内容について企業からも税務当局からも一切公表されることはなく，いわゆる「ブラック・ボックス」となっていることも一因である。価格の設定をターゲットとしてきたことは首肯できるが，価格の設定から移転価格課税への対応まで，一連のマネジメントについて検討することは不可欠であると考える。

本章では，企業グループ・マネジメントの一環としての国際税務マネジメント，なかでも移転価格マネジメントについて焦点を当てる。具体的には，日本企業は企業グループとして全体最適を図っているが，移転価格マネジメントに関しては部分最適も考慮せざるをえないとの仮説の下に，移転価格課税リスクについて検討し，いかなる移転価格マネジメントが必要かを考察する。グローバル化が進展するなか，日本企業には的確な移転価格マネジメント，すなわち，移転価格の設定だけでなく，課税の前後を通した幅広いマネジメントが必要である。

Ⅳ 企業グループ・マネジメント

1 移転価格マネジメントの対象となるグループ

　管理会計上，企業グループ・マネジメントの対象は，「資本関係により結合する企業集団」とされる（園田，2014，p.125）。これに対し，移転価格税制の適用対象が国外関連者であることから，移転価格グループ・マネジメントの対象となるグループは，日本企業と親子関係，兄弟姉妹関係等の資本関係にある海外現法，本社および国内子会社である。また，たとえ資本関係がなくとも一方が他方を実質的に支配している関係にあるグループも適用対象となることから，そのような海外現法も含まれることとなる。なお，海外支店は本社と同一の組織体であり，本支店間取引は移転価格税制の対象とはならないことから，本章では海外支店について言及しないこととする[3]。

2 移転価格マネジメントの内容

　移転価格マネジメントは，価格設定のみを対象とするものではなく，移転価格課税の前後（必ずしも移転価格課税が行われるとは限らないが）を含めた幅広いマネジメントであり，具体的には以下のものが含まれる。

◆移転価格課税前

　①価格の設定，②事前確認制度（Advanced Pricing Arrangement：APA）の申請の要否，③ドキュメンテーション（文書化）実施の決定，④税務調査への対応

3　支店は，恒久的施設（PE：Permanent Establishment）に該当し，支店の所得については，所在地国において法人税が課され，かつ，本店所在地国においても課税所得に含まれ，法人税が課される。この場合も二重課税となるが，支店が納付した法人税について日本で外国税額控除が可能であり，二重課税が排除されるシステムができている。

◆移転価格課税後

①課税を受け入れるか否かの判断，②課税を受け入れない場合，国内救済手続か相互救済手続のどちらを申し立てるかの判断，③さらに，各手続をどこまで行うか，たとえば，一部取消でも納得するのか，全部取消でなければ納得しないのかという判断

なお，近年，OECDにおいて企業の租税回避に対する対応が議論されている。税源浸食（Base Erosion and Profit Shifting：BEPS）プロジェクトが発足し，各国は国内法制を整備することとなっている。これによれば，多国籍企業は国ごとの所得，経済活動，納税額の配分に関する情報を，共通様式に従って各国税務当局に報告することが求められることから，企業としては適切な対応が求められる。

3　グループ・マネジメント

(1)　マネジメントの担当部署

移転価格課税グループ・マネジメントを行うにあたって，イニシアティブをとる部門の特定が重要である。本社に移転価格を含めた国際課税に関してグループ全体を統括する部門を設置し，本社および海外現法を含めたグループ全体でのグローバル・マネジメント，すなわち本社主導のマネジメントを行うことが望ましい。本社が，このようなマネジメントを行わず，海外現法の裁量に任せることは避けるべきである。

近年，持株会社（ホールディングカンパニー）を設置することが多く見られる。他の会社の活動を支配するだけでなく，自社も相当の規模で事業を行っている会社である事業持株会社の場合は，上記と同様であろうが，主たる事業を有さず，株式を保有することにより，他の会社の事業活動を支配することのみを事業目的とする会社である純粋持株会社の場合は，移転価格課税を含めた税務マネジメントを行う税務統括会社を設置することが考えられる。なお，設置しただけではなく，それが適切に機能していることが重要である。

移転価格課税は，製品販売，知的財産，金融等のあらゆる取引が対象となりうる。各取引の詳細な情報を税務部門がすべて把握するのは容易ではなく，関

係部門と連絡を密にして，全社的な対応をとることが必要である。たとえば，新規事業を計画する際に，全社的に国際課税リスクに係る検討を行い，税務当局からの照会については，主管部門の担当者が直接説明することで税務部門以外の部署にも国際課税リスクに係る問題意識を共有させるといったことも有効である。すでに，リスク管理委員会を設置し，そこに国際課税リスクを含めている企業もあるようだが，一歩進めて移転価格課税リスク管理を含め国際租税戦略を一元管理する国際租税戦略室（仮称）を取締役会の直属機関として設置することも検討に値する。国際課税問題については，税務部門のみが対応するのではなく，経営トップを含めた企業全体またはグループ全体で迅速的確に対応することが肝要である。さらに，統括する部門では，グループ全体の利益状況のコントロールも必要である。海外現法の利益率が低いまたは連年欠損であることは，現地の税務当局には受け入れられない可能性が高い。海外現法が黒字であることが前提となる取引単位営業利益法（Transactional Net Margin Method：TNMM）[4]を移転価格算定方法として採用している場合は，特に，グループ全体の利益状況を常にコントロールする必要がある。

(2) 個別具体的なマネジメント

a 税務調査への的確な対応

各国の税務当局は，歳入増を目的に移転価格課税強化を図っており，本社および海外現法の双方が，税務調査を受けることとなる。その税務調査に対し的確に対応することが重要である。本社および海外現法は，税務当局に対して価格（利益率）が適正であることについての説明責任を負っており，可能であれば，事前対策を万全にし，無用な移転価格調査を受けないよう日頃から留意すべきである。

b 課税後の対応（不服申立て，訴訟，相互協議）

移転価格課税を受けた法人は，早急に当該課税の諾否を決定しなくてはなら

---

4 関連者間取引における売手と買手の獲得した営業利益率（すなわち海外現法が本社との間の取引で獲得した営業利益率）と第三者間取引における営業利益率を比較する方法である。

ない。その後に発生するコストと要する時間を総合勘案して課税を受け入れる場合もあろう。しかし，特に海外現法が課税された場合，当該国の税務当局の主張を無条件で受け入れることは将来年度に悪影響をもたらす可能性が高い。当初の課税額が少額であっても，将来的に課税額が増加する恐れがあり，その際納税者の反論が受け入れられない可能性が高い。受け入れない場合，当該法人は，課税処分の撤回を求める訴訟（司法手続）と，二重課税の排除を求める相互協議（行政手続）の双方を申し立てることが可能である。

　しかし，相互協議を実施するには，国外関連者の所在地国と租税条約が締結されていることを要する[5]。本社と租税条約非締結国にある海外現法との取引に対して多額の追徴税額[6]を伴う移転価格課税が行われることが増加したことに伴い，課税に係る訴訟や不服審査（異議申立て，審査請求）の増加が見受けられる。近年の特徴として，以下のとおり国が敗訴するケースも散見される[7]。2004年6月，㈱本田技研工業に対して課税（対象年度：1998/3〜2003/3，追徴税額75億円）が行われたが，訴訟の結果，国が敗訴し全額が還付された。2006年6月，武田薬品工業㈱に対して課税（対象年度：2000/3〜2005/3，追徴税額571億円）が行われたが，異議申立および審査請求の結果，課税処分が取り消され，全額が還付された。2008年2月，信越化学工業㈱に対して課税（対象年度：2002/3〜2006/3，追徴税額110億円）が行われたが，相互協議の結果，追徴税額は4億円に減額された。

　司法手続，相互協議手続を行えば，弁護士および税理士等への報酬を支払う必要が生じ，場合によってはそれが追徴税額を超えることもある。また，勝訴して全額還付されたとしても，多額の報酬を支払う必要があり，移転価格課税に係るコストとして看過できない。コストパフォーマンスを考慮して，どのよ

5　2015年6月現在，日本は64の租税条約を締結し，90ヵ国・地域に適用されている。なお，香港，マカオについては中国に返還されているが，当該地域は日中租税条約対象外となっているので注意を要する。また，台湾も租税条約の適用外である。なお，日本は香港，マカオとの間で租税条約を締結している。

6　一般に，追徴税額には法人税および加算税が，還付税額には法人税および還付加算金がそれぞれ含まれ，地方税は除かれる。しかし，法人によっては地方税を含めた税額を公表していることもある。

7　各社HPおよび新聞報道に基づく。

第7章　移転価格課税リスクと企業グループ・マネジメント ┃ *119*

うな手続を，どの段階まで進めるか，慎重に検討する必要がある。

c　租税条約締結の有無

　移転価格課税リスクを排除する観点からは，進出先国と日本との間で租税条約が締結されているか，締結されていても相互協議が実施かつ合意されているかといった点が重要である。これについては，本来海外進出を検討する際に進出先国の決定要因とすべきである。一般に，日米間では協議実績が多く，合意の可能性は比較的高いといわれているが，中国，ブラジル，タイ，シンガポール等の国については一般に合意が困難といわれている。また，合意後に行われる減額（「対応的調整」）の規定が租税条約に置かれていない場合，対応的調整を実施しない国もあり，その場合は，二重課税は排除されないこととなる。

(3)　APA

　企業が税務当局に対して，事前に取引価格が独立企業間価格であることの確認を求め，税務当局がそれを認めた場合は，移転価格調査を行わないというAPA（Advance Pricing Agreement）が移転価格課税を事前に回避するための制度として導入されている。ユニ・ラテラルAPA（一国内のAPA），バイ・ラテラルAPA（二国間APA），マルチ・ラテラルAPA（多国間APA）等があるが，二国間APAは相互協議を伴うため時間を要するものの，両国当局の確認を得ることから一国内のAPAに比較して極めて有効であり，相互協議件数のうち約7割が二国間APAに係るものとなっている。特に知的財産取引については，移転価格算定方法等をめぐって税務当局と企業との間で見解が対立する可能性が強く，多額の移転価格課税に結びつきやすいことから，必要性が高いといえる。しかし，国外関連取引量が僅少といったケースでは，コストパフォーマンスの観点から必ずしもAPAが推奨されるわけではない。ただし，APAを申請しない場合であっても，最低限以下に述べるドキュメンテーション（文書化）を図ることが必要となる。

(4)　ドキュメンテーション

　ドキュメンテーションとは，移転価格調査のために税務当局から資料提出が要請されるので，自己の設定した移転価格の妥当性を主張できるよう文書化を

しておくことである。諸外国では法令化されているのに対し，日本では法令化されていないが，国税庁は移転価格調査において検討を要する資料を例示している。

　調査，APA審査，相互協議を問わず，税務当局に対して企業の移転価格が適正であることを説明し，理解を得ることが極めて重要である。資料提出の遅延は税務当局に不信感を抱かせるので，迅速な資料提出は欠かせない。特に相互協議では，関係する両国の担当者に同一の資料を提出し，同一の内容の説明を行うべきである。両国の担当者の正確な理解がなければ，議論も空転し，進展しないといえる。

V 管理会計マネジメントと移転価格課税

1　シェアードサービスと移転価格課税

　近年シェアードサービスを導入する企業が増加している。シェアードサービス取引は，移転価格税制における「グループ内役務提供（Intra Group Service：IGS)」と重なる。日本企業が国外関連者に対し，独立企業間価格と異なる取引価格でグループ内役務提供を行った際，移転価格課税を受ける可能性がある。

　OECD移転価格ガイドラインでは，第7章において，グループ内役務提供取引として，「経営上のサービス（企画，調整，予算管理，財務上の助言，会計，監査，法律，ファクタリング，コンピュータサービス），財務上のサービス（キャッシュ・フローと支払能力の管理，増資，借入契約，利子・為替レートに係るリスク管理，リファイナンシング），製造，仕入販売支援，マーケティング，社員の採用・教育，知的財産の開発・管理・保護，負債ファクタリング，受託製造，受託研究，ライセンス管理」をあげている。ただし，親会社自身の法的側面に関する活動（株主総会開催，株式発行）の費用，取締役会の費用，連結報告等親会社に必要とされる報告に関する費用，持分取得のための資金調達の費用といった株主活動については除外されている。

　移転価格税制の観点から，本社が海外現法に出向している社員のための費用を負担したケース，海外現法の社員を日本に呼び寄せ研修を行ったケース等に

第7章　移転価格課税リスクと企業グループ・マネジメント ▎ *121*

おいて本社が海外現法から適切な対価を収受していない場合に問題となる。適切な対価は，コストまたはコストプラスである。また，本社または国内子会社と国外関連者との間で，貸付けの実施，CMS（キャッシュ・マネジメント・システム）の導入，債務保証等が行われている場合，独立企業間である金利や保証料を収受することが必要である。金融業を業としない企業の場合，独立企業間利率を見つけ出すことは困難である[8]。

2　業績評価と移転価格課税

海外現法に業績評価制度を導入している企業は少なくなく，評価にあたっては営業利益，原価，R&Dといった指標が用いられている。このうち利益率に基づく業績評価制度を導入している場合，移転価格上問題を引き起こす可能性がある。二国間APAを締結し，海外現法の利益率幅（たとえば，売上高営業利益率3～4％）が事前に決定されている場合，海外現法の実際利益が当初の利益率幅を超えても，移転価格課税を考慮して，利益を低く抑える可能性が生じる。これが，業績評価に影響を与えることとなってしまう。特に利益連動報酬制度を採用している，さらに外国人社長である場合，税務目的の利益抑制を受け入れない可能性が高い。こうしたことから，APAを締結している際には，業績評価システムの一部修正が必要となるのではないかと思われる。

さらに，本社の国際税務担当部署がタックス・プランニングを実施し，租税負担額が最少となった場合，または，税務調査への対応がうまくいって追徴されなかった場合等においては，従来では業績評価の対象とならなかったと思われる。しかし，利益への貢献といった観点からは，売上増，経費削減による利益増と変わるものではなく，租税負担額の最少化を図った国際税務担当者の業績を業績評価の対象に含めることが検討されてもよい。

8　同様の条件で銀行からの借入れを行った場合の金利（調達金利），それが困難であれば同様の条件で国債等により運用した場合の金利（運用金利）を基準として設定することが認められている（国税庁移転価格事務運営要領2-7）。

Ⅵ 関連領域におけるマネジメント

1 リスクマネジメント

　企業は通常あらゆるリスクを検討し，これに対処している。リスク委員会，法務コンプライアンス部等の組織を設置し，組織横断的に対応しているケースが多いと思われる。国際課税リスクも１つのリスクであり，企業グループとして的確な対応が求められるが，企業によって認識に差があるようである。会合の実施のほか，海外の地域ごとのリスクレポートを提出させている企業もある。近年，国際的M&Aが増加しているが，その前後におけるリスクマネジメントは不可欠である。

2 知的財産マネジメント

⑴ グループの知的財産マネジメント

　知的財産を有する企業にとっては，グループの知的財産マネジメントを的確に行うことが重要である。本社が一括して知的財産を管理しているケースと，本社と子会社が各々独自に知的財産を管理しているケースがあるが，本社のコントロールが及ぶようにすることが重要である。近年，米国企業を中心に，アイルランド，オランダ，ルクセンブルグ等欧州のタックスヘイブン国に知的財産の管理会社を設立し，そこに知的財産を集約し，租税負担額の軽減を図るケースが散見される。こうしたケースでは国際課税問題が発生する可能性が増大する。

⑵ 知的財産に係る税務マネジメント

　本社の関係部門間，および本社と子会社の間において，課税問題に係る意見交換が行われる必要がある。ロイヤルティについては，知財を管理する部門だけで決定せず，税務部門と協議することが肝要である。

(3) 海外現法から収受する知的財産に係るロイヤルティ

多くの製造機能を海外に移転させたメーカーは，日本におけるキャッシュがショートすることとなり，本社のR&D費を回収するために，海外現法からロイヤルティを収受することが必要となる。ロイヤルティの場合，海外現法所在地国における送金規制，料率について移転価格課税を受けるリスクが顕在している等の問題があることから，海外現法から配当としてキャッシュを日本に還元させる方法が好まれる。

Ⅶ 移転価格マネジメントに係る全体最適と部分最適

全体最適と部分最適については，従来管理会計分野において論じられてきており，税務分野ではほとんど論じられていないといえる。税務，なかでも移転価格マネジメントにおける全体最適と部分最適の定義は，管理会計分野における定義と同様と考えるべきか定かでない。この点については，企業によって見解の相違があるかもしれないが，本章では同様のものとして進めることとする。部分最適とは，企業の中の部門等の機能の最適化を図ることで，製造機能を高めることがあげられる。それに対して，全体最適とは，企業組織全体の最適を図ることで，各部門が同方向に最適化されていくことである。一般的には，全体最適の重要性が強調されている。

企業グループ・マネジメントの課題は，全体最適（グループ経営の視点）と部分最適（単一企業または特定セグメントの視点）との間で整合性を保った経営を行うことである（園田, 2014, p.125）。税務は経営の一部であり，経営全体の観点から，全体最適が考慮される。しかし，本章では国際税務に係るグループ・マネジメント，なかでも移転価格マネジメントに主眼を置いていることから，グループ全体の租税負担額の最少化を図ることと定義する。

では，全体最適と部分最適とのいずれに重点を置くべきか。国際租税戦略上，企業はグループ全体の租税負担額の最少化を図ることから，全体最適を考慮しているといえる。しかし，グループ全体の租税負担額の最少化を図るため，本社または国内子会社から海外現法へ，あるいは，海外現法から本社または国内子会社へ所得を移転すると，たとえそれが意図したものでないとしても，いず

れかの国の税務当局によって移転価格課税が行われることとなる。同課税は二重課税をもたらし，それが排除されない可能性が残る。また，二重課税が排除されるにしても，そのためには多額のコストと時間を要する。したがって，企業は，グループ全体の租税負担額の最少化を図るという全体最適を考慮しつつ，移転価格課税を回避するために，海外現法の所得も確保するという部分最適も考慮しなくてはならず，双方のバランスを保つことが望ましいといえる。

Ⅷ　グループ以外の企業を含めた新たなマネジメントの検討

　移転価格マネジメントは，移転価格課税の対象となる企業グループ内において，すなわち親会社と海外現法等（国外関連者）を対象として実施され，国外関連者以外の企業は含まれない。しかし，国外関連者以外の企業も含めた広義の意味での移転価格マネジメントを検討すべきではないかと考える。具体的には，グループ以外の企業としては，部品納入業者，下請加工業者といった取引先および同業他社があげられる。当該国の税制および税務行政に係る情報交換は有効であろうし，単独での対応よりも複数の対応の方がよい結果に結びつくこともある。

　移転価格税制，優遇税制等に係る税制改正要望については，単独で対応するのではなく，同業他社とも協力して行った方が効果的である。また，当該国が税務当局に対する事前照会制度を有している場合，同業他社と共同で事前照会を行うことが考えられる。さらに，税務調査に関しても，税務当局がどのような項目を重点的に調査しているか，交渉の余地がどの程度あるかといった点についての情報交換が有効である。こうしたことから，グループ以外の企業を含めた新たなマネジメントの実施を提言する。

Ⅸ　おわりに

　日本企業にとって，①進出先での課税リスク（進出先国の税務当局による海外現法に対する移転価格課税），②日本国内での課税リスク（日本の税務当局による

第7章　移転価格課税リスクと企業グループ・マネジメント ▎ *125*

本社に対する移転価格課税）をいかに回避するかが喫緊の課題となっている。移転価格課税リスクへの対応を考慮する際，グループ全体の利益状況，国外関連者間取引の内容および量，現在および将来の事業計画等に基づきリスクを把握し，移転価格ポリシーを策定することとなる。そして，税務当局に受け入れられる移転価格算定方法の決定が必要となる。それでも，当該方法が受け入れられず，課税に至るケースが多い。本来であれば，日本企業が海外進出する際，すなわち海外現法を設立する際に行わなければならないことである。

　組織変更，機能・リスクの海外移転，国外関連者との間のシェアードサービス，貸付け，保証等あらゆる企業活動が移転価格問題を引き起こすことを十分に認識し，企業活動に応じて的確な移転価格マネジメントさらには国際税務マネジメントを実施する必要がある。

● **参考文献**

NERAエコノミックスコンサルティング編．2008．『移転価格の経済分析』中央経済社．

上埜進．2007．『日本の多国籍企業の管理会計実務―郵便質問票調査からの知見―』税務経理協会．

梅田浩二．2012．「日系多国籍企業における国際振替価格管理―国際振替価格管理システム構築の手順―」『原価計算研究』36(1)：132-141．

小畠信史・清水孝．1996．『移転価格の税務と管理』税務経理協会．

佐藤康男．1992．「海外現地法人の管理会計―業績評価と移転価格―」『経営志林』（法政大学経営学会）28(4)：71-85．

清水孝．1999．「多国籍企業における業績評価および国際振替価格」『早稲田商学』381：93-118．

園田智昭．2006．『シェアードサービスの管理会計』中央経済社．

園田智昭．2014．「企業グループの全体最適と部分最適―管理会計の視点による分析―」『三田商学研究』（慶應義塾大学商学会）56(6)：125-131．

髙久隆太．2010．「移転価格課税リスクと企業グループ経営」『企業会計』62(5)：681-688．

塘誠．2007．「移転価格税制に関わるタックス・マネジメントと業績管理会計上の課題」『成城大学経済研究』174：49-68．

宮本寛爾．1983．『国際管理会計の基礎―振替価格の研究―』中央経済社．

門田安弘．1989．『振替価格と利益配分の基礎』同文舘出版．

門田安弘．1991．『振替価格と利益配分の展開』同文舘出版．

李璟娜・上總康行．2009．「日本企業の国際移転価格の設定に関する実態調査—海外現地法人の業績評価と移転価格税制の側面から—」『メルコ管理会計研究』2(1)：111-126.

（髙久隆太）

第8章

企業における国際税務マネジメントの実態分析
——キヤノンのケース

I　はじめに

　グローバル化を進めている企業3社（製造業）に対し，移転価格マネジメントを中心とした国際税務マネジメント，リスクマネジメント，知的財産マネジメント等に関するヒアリングを行った。本章では，キヤノン株式会社（以下「キヤノン」と略）へのヒアリング[1]に基づき，主に同社のマネジメントについて検討を行った[2]。キヤノンにおける海外進出の歴史は古く，知的財産を多数保有していることから，同社の国際税務マネジメントは，製造機能の海外移転を進める日本企業にとって大いに参考となると思われる。

II　会社概要

1　組　　織

　本社には，企画本部，渉外本部，人事本部，経理本部，知的財産法務本部等多数の本部が設置されている。国内に約10ヵ所の事業所を有し，国内および海外に製造会社，研究開発・ソフトウェア会社，販売会社，その他関係会社を多

1　2015年3月12日，本社会議室にて税務担当部長にヒアリングを実施した。
2　本章ではキヤノン以外を「他社」と表現して記述する。

数有している。本社を中心として，世界を米州，欧州，アジア，オセアニア，日本の5つのブロックに分けてコアの統括会社が設立されている。このうち，アジア統括会社は，かつてシンガポールに設立されていたが，その後北京にも設立され，現在はキヤノンシンガポールとキヤノンチャイナとの2ヘッド体制となっている。本社専務（アジア統括会社社長）が北京に常駐し，アジア全域を統括している。国内海外を合わせた連結子会社数は，261社（2014年12月31日現在）であり，このうち主な海外現法102社について海外地域別・機能別に区分すると**図表8-1**のとおりである。

図表8-1 地域別・機能別海外現法数

（単位：社）

機能＼地域	米州	欧州	アジア	豪州	その他	計
研究開発・ソフトウェア	2	2	3	1	0	8
製造	4	4	16	0	0	24
販売	12	31	15	2	5	65
その他	1	1	2	1	0	5
計	19	38	36	4	5	102

（出所：CANON FACT BOOK 2015/2016）

2　地域別売上

2014年度地域別売上は**図表8-2**のとおりである。2004年度と比較してみるとアジア・豪州の伸びが顕著であり，日本での売上額を超えている。

図表8-2 地域別売上

（単位：億円）

年度		日　本	米　州	欧　州	アジア・豪州	計
2014	売　上	7,243	10,365	10,904	8,760	37,272
	割合（%）	19.4	27.8	29.3	23.5	100.0
2004	売　上	8,497	10,594	10,933	4,654	34,678
	割合（%）	24.5	30.6	31.5	13.4	100.0

（出所：CANON FACT BOOK 2015/2016）

第8章　企業における国際税務マネジメントの実態分析 ▎*129*

3　従業員数

　2014年度地域別従業員数は**図表8−3**のとおりである。2004年度と比較して
みると日本の割合が減少し，アジア・豪州の割合が増加している。

図表8−3　地域別従業員数

(単位：人)

年度		日　本	米　州	欧　州	アジア・豪州	計
2014	従業員	69,201	18,029	22,356	82,303	191,889
	割合(%)	36.1	9.4	11.6	42.9	100.0
2004	従業員	46,103	10,258	10,898	40,998	108,257
	割合(%)	42.6	9.5	10.1	37.8	100.0

(出所：CANON FACT BOOK 2015/2016)

4　利益率の推移

　キヤノングループ全体の売上高営業利益率および税引前当期純利益率は高く，
2010年度から2014年度に至る5年間では**図表8−4**のとおりとなっている。

図表8−4　利益率の推移

(単位：%)

年　　度	2010	2011	2012	2013	2014
売上高営業利益率	10.5	10.6	9.3	9.0	9.8
税引前当期純利益率	10.6	10.5	9.8	9.3	10.3

(出所：2014年度決算短信)

Ⅲ　国際税務グループ・マネジメント

1　国際税務マネジメント

　本社では，経理本部財務経理統括センター税務会計課が，国際税務グルー
プ・マネジメントを担当している。海外現法は約260社あるが，当該マネジメ
ントの対象となるのは，そのうち売上上位40社がメインとなっている。一方，

海外では，各統括会社が当該マネジメントを行っている。海外現法には，日本からの出向者がいるが，ゼネラリストであり，現地で採用された統括会社税務担当ディレクターとともに当該マネジメントを行っている。統括会社5社を対象として，「経理部門世界会議」（経理本部主催）が適宜開催されており，その際に税務担当者のミーティングも行われている（図表8-5）。

図表8-5　ブロック別マネジメント

（出所：ヒアリングに基づき筆者作成）

一方，キヤノンでは，2ヵ月ごとに組織横断的な「国際課税対応会議」（経理本部主催）が開催されており，事業，生産，人事，ロジスティック部門等の担当者が出席している（図表8-6）。そこで議論された情報はグループ会社にフィードバックされ，シェアされている。かつては，「法務委員会」の一部であるワーキンググループとして国際課税対応が行われていたが，現在は同会議に再編され，経理本部の所掌となった。

国内海外ともに，経理本部が国際税務マネジメントに関してイニシアティブを発揮することは不可欠である。経理部門の権限が限定されている企業が散見されるなか，キヤノンにおいては経理本部に権限が与えられていることは高く評価される。

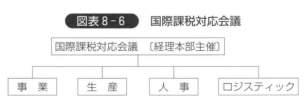

図表8-6　国際課税対応会議

（出所：ヒアリングに基づき筆者作成）

2 移転価格マネジメント

海外現法における移転価格課税問題（移転価格課税，APA，文書化等）については，基本的に本社が対応することとなっている。本社と海外現法との取引に基づく移転価格課税問題であれば，本社担当者が現地に派遣され，相手国の税務当局と交渉に当たる。しかし，本社と海外現法との取引に基づく移転価格課税問題でなければ，海外現法の担当者が現地会計事務所と相談のうえ対応することとなっている。その際は，本社との間でメール，電話会議，TV会議等を利用して十分な意見交換が行われる。一般的な税務調査の場合は，基本的に現地のみで対応することとなる。

APAについては，本社が当事者となる場合は，必ず本社が関与することとしている。基本的にはバイAPA[3]を原則としているが，必要に応じてユニAPA[4]も検討することがある。

移転価格文書化に関しては，海外現法が文書を作成し，本社へ情報を送ることとしており，情報の共有化が図られている。APAや文書化以外にも移転価格課税への対応策が検討されている。

3 移転価格以外の国際税務マネジメント

本社から海外現法にエンジニアが派遣されていることから，派遣自体が当該国における恒久的施設（Permanent Establishment：PE）[5]とみなされ，事業所得課税が行われるリスクについても配慮がされている。国際課税リスクに関するリスクマネジメントに関しては，経理本部がグループ会社も含めて組織横断的に対応しており，たとえばグループ全体を対象としたガイドラインの作成，周知，課税問題への対応等を行っている。

3　本社および海外現法の各所在地国の二国間で行われる事前確認（バイラテラルAPA）を「バイAPA」という。
4　本社または海外現法の各所在地国のうちの一国のみで行われる事前確認（ユニラテラルAPA）を「ユニAPA」という。
5　通常，恒久的施設とは，事業の管理の場所，支店，事務所，工場，作業場，建築工事現場等を意味するが，エンジニアの派遣自体を含める国もある。

Ⅳ 管理会計マネジメントと移転価格課税

1 シェアードサービスと移転価格課税

(1) 海外現法との間での実施されているシェアードサービス

キヤノンでは，シェアードサービス専門の子会社は国内海外ともに設置されていないが，既存組織内でシェアードサービスを実施している。

本社と海外現法との間で行われたシェアードサービス業務として，ITサービスの課金および技術役務の提供があげられる。技術役務の提供とは，生産会社に新製品を製造委託する際に，製造ノウハウを教示する必要があることから，短期間であるが日本から多数のエンジニアを3ヵ月程度派遣することである。当該派遣に関しては，PE認定の問題があることを充分認識し対応している。なお，アジア地域の海外現法からエンジニアの研修受入れを行っているが，これに関しても課税に配慮している。

知的財産に関しては，特許の情報検索等の業務を行う子会社を設立し，グループ会社が情報検索を依頼できることとなっている。しかし，利用しているのは国内の子会社がほとんどであり，海外現法は利用していないことから，課税問題が生じる可能性は皆無に近いといえる。キヤノンでは，他社で実施されている福利厚生にかかるシェアードサービスは一部地域でのみ行っている。

(2) 海外現法との間のCMS

キヤノンでは，海外現法との間でCMS（Cash Management System）を行っている。無借金経営を経営方針としており，グループ全体の銀行借入れを少なくしているが，本社と子会社との間でグループファイナンスを実施しているほか，資金不足の子会社（海外統括会社を含む）に資金余剰の子会社から短期で貸し出しを行っている。その際の貸出金利は，基本的には，LIBOR（またはTIBOR）＋αであり，税務上適切に対応しているといえる。CMSは，財務部に設置されているグループ財務統括推進課が担当している。

(3) 課税に関する意見交換や協議等

キヤノンでは，税務部門とシェアードサービス業務担当部署との間で課税に関する意見交換や協議等を行っている。他社でも，税務部門が，シェアードサービスに関する情報入手に努め，必要に応じヒアリングを実施していることがうかがえる。

2 業績評価と国際税務マネジメント

キヤノンでは，①財務成績，②マネジメント，③機能別評価（品質，環境）に基づく業績評価制度が導入されている。

APAにより海外現法の目標利益が定められている場合，海外現法の実際利益を目標利益に合わせるために利益を調整することがある。その場合，海外現法役員の業績評価に影響する可能性が生じ，移転価格問題が業績評価制度を歪めることとなる。キヤノンでは，APAを行っていても業績評価のために海外現法の利益率を調整すること，また，APAのために海外現法の利益率を調整することはない。さらに，業績評価を子会社役員報酬に連動させていないことから，移転価格マネジメントが海外現法の業績評価制度を歪めることとはならない。

V 関連領域におけるマネジメント

1 リスクマネジメント

全社的なリスク（課税リスク以外のあらゆるリスク）対策について，「リスクマネジメント委員会」が設置され，全社横断的にリスク管理を行っている（**図表8-7**）。ただし，課税リスクはここに含まれない。組織上，委員会としたのは，事業本部の権限が強いことから，組織横断的に機能するには委員会の方が都合がよいことによる。

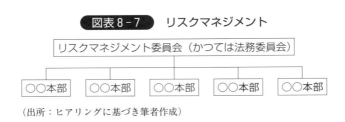

(出所：ヒアリングに基づき筆者作成)

2 知的財産のマネジメント

(1) グループの知的財産マネジメント

キヤノンの技術力は定評がある。米国での特許登録件数ランキングでは，常時3位以内をキープしており，2013年度ではIBM，Samsung Electronicsについで3位となっている。特許権，商標権，実用新案権，ノウハウ等すべてを含めた知的財産については，本社知的財産法務本部（以下「知財本部」と略）が管理している。子会社にも知的財産の部門があり，子会社が自己開発した知的財産は当該子会社が管理しているが，子会社が保有する知的財産を外部へ譲渡する場合は，知財本部の許可を必要としている。

ただし，M&Aによって子会社となった海外現法がそれ以前から保有していた知的財産やシステムは，当該子会社が保有している。もっとも，必要に応じ，それを譲渡あるいはライセンスを行うことはある。キヤノンでは知的財産マネジメントによって，支払ロイヤルティの総額を軽減させており，広範かつ的確なマネジメントを行っていることがうかがえる。ブランドに関しては，「コーポレートブランド管理専門委員会」（委員長は知財本部長）が管理している。

(2) 知的財産に係る税務マネジメント

キヤノンでは，知的財産については本社知財本部が所管しているが，税務問題については知財本部と税務部門との間で頻繁に意見交換を行っており，特にロイヤルティについては，知財本部だけで決定せず，連携して意思決定を行っている。この方法は，移転価格の観点から適切と思われる。もし，知的財産の所有に関しては知的財産部が，税務に関しては税務部が所掌して，連携を密に

第8章　企業における国際税務マネジメントの実態分析 ▌ *135*

していない場合は，移転価格上の問題が生じる可能性が高くなる。

(3)　海外現法から収受する知的財産に係るロイヤルティ料率

　本社を経由しないout-out取引については，本社が一部の海外生産会社から
ロイヤルティを収受している。ロイヤルティ料率については，同業他社を参考
としつつ，残余利益分割法（Residual Profit Sprit Method：RPSM）[6]を考慮し，
知財本部と経理本部が協議のうえ決定し，税務上問題とならないよう留意して
いる。商標権については，価格に織り込み済みなので，ロイヤルティを収受し
ていない。契約は，「コントラクトマニュファクチャリング＆ライセンスアグ
リーメント」となっており，子会社には自由裁量が認められていない。本社を
経由しない取引についても，海外生産会社では，製品の種類，生産数量，販売
先等について本社の指示の下に行うように機能が限定されている。

Ⅵ　移転価格マネジメントに係る全体最適と部分最適

　キヤノンでは，「グローバルにビジネスの成長を図り，企業価値を最大化す
ること」を経営方針としており，全体最適志向といえる。また，移転価格マネ
ジメントについても，概して全体最適志向であるが，実際には本社中央集権的
管理といえる。利益配分については，本社がイニシアティブを有しており，海
外現法が決定するシステムとはなっていない。また，キヤノンでは，欧米企業
が行っているようなタックス・プランニングは採用しておらず，キヤノング
ループ全体で最適な租税負担額を追求していない。コストの最適化よりも税引
前利益を本社に集中させることを重視しており，利益全体の7割が本社，残り
3割が海外となっている。本社に利益を集中させるのは，商品企画，事業企画，
研究開発といった機能をすべて日本に集中させていることによる。

6　租税特別措置法施行令第39条の12第8項に定める利益分割法の1つであって，当該
　法人および国外関連者が重要な無形資産を有する場合に，重要な無形資産を有しない
　場合に得られるであろう利益を当該法人と国外関連者に配分し，その残額（残余利
　益）を各々の有する独自の機能に応じて合理的に配分することにより独立企業間価格
　を算定する方法。

キヤノンでは，移転価格マネジメントとして全体最適あるいは部分最適を考慮しているのではなく，経営全体で全体最適あるいは部分最適を考慮しているといえる。この点に関しては，他社でも単純に租税負担額の最少化を追求しているのではなく，海外現法の機能とリスクを勘案しつつ，経営全体の最適化を図っていることがうかがえる。

Ⅶ おわりに

キヤノンにおける国際税務マネジメントについては，①本社経理部が主導して海外現法をコントロールしている，②組織横断的に「国際課税対応会議」を開催している，③経理本部の権限が強い，④本社税務部門と知財本部等他部門との間で情報交換を実施している，といった点で高く評価できる。国際税務に限らず，リスクマネジメント，知的財産マネジメント等あらゆるマネジメントが的確に行われていることがうかがえる。しかしながら，現時点ではグループ以外の企業を含めた新たなマネジメントを行っておらず，今後の検討を期待したい。

ヒアリングを実施した3社では，少人数で国際税務マネジメントを担当している。管理部門の人員増は容易でないかもしれないが，移転課税リスクの増加，国際的M&Aの増加，OECDにおけるBEPS行動計画等，国際税務を取り巻く環境の複雑・困難化を勘案すれば，十分な人員を配置することは不可欠である。また，国際税務の専門性を考慮した人事ローテーションの確立等も必要となってくるのではないかと思われる。

（高久隆太）

企業グループ・マネジメントにおける環境会計
——部分最適化から全体最適化へのシフト

I　はじめに

　戦後，日本の高度成長期において，日本企業は急速に経済成長すると同時に，大気汚染，水質汚濁，土壌汚染などの公害問題を起こしてきた。その都度，日本政府が，公害対策基本法，自然環境保全法などの法律を整備することで，日本企業の環境保全活動への取組みに対する法的規制を行ってきた。また今日では，多くの日本企業は海外で製造・販売しており，海外から多くの経済的利益を得ている一方，地球温暖化，資源枯渇，生態系破壊などあらゆる環境問題もグローバルに生じており，地球環境問題についても国境は存在しないのである。

　日本企業の活動範囲が拡張するとともに，企業グループ・マネジメントが重要視される一方，企業会計においても，より企業の経済実態を正確に表すため，1999年4月以降に開始する事業年度より，個別財務諸表中心主義から連結財務諸表中心主義へと移行した。一方，環境会計情報についても同様に，環境省が発行する『環境会計ガイドライン』において，単独企業のみならずグループ全体での情報開示への移行を提唱している。なぜなら，環境保全活動はその性質上，単独企業による部分最適化より，グループ企業全体による全体最適化を目指した活動を実施する必要があり，個別環境会計情報より連結環境会計情報の方が，より適切に評価することができるからである。

　本章では，まず日本企業の環境会計導入・環境報告書発行の現状を確認した上で，個別環境会計情報から連結環境会計情報への移行の浸透度について分析

を行う。また，ビール業界大手4社のホールディングスを事例として，企業が環境保全活動に取り組むことは自社の短期的な経済的利益を逸失するが，中長期的視点で見れば，自社の経済的利益と社会的利益の向上につながる可能性について，検討していく。

Ⅱ　環境経営における環境会計・環境報告書の概況

　環境会計に関する議論を始める前に，環境経営とは一体何であろうか。國部（2012）によれば，環境経営を「企業経営の隅々にまで環境の意識を浸透させた経営」と定義づけしており，企業経営の隅々とは，購買・製造・物流・販売などのライン活動から，資金調達や投資さらには人事に至るあらゆる企業活動を想定している。また，環境経営とは矛盾を含む概念であり，企業の目標は営利（利益）の追求であるのに対して，環境への配慮は企業にとってしばしばコスト増の要因となり，必ずしも利益の追求と両立的ではないからである。そこで，環境と経営を結びつける方法として会計があると指摘している（國部，2012, p.2）。この会計こそが環境会計であり，1990年代後半以降，日本においても理論的研究，企業への導入が進められてきた。

　そこで，環境会計の導入状況はどうであろうか。環境省が毎年発行している「環境にやさしい企業行動調査結果」[1]によれば，**図表9−1**のとおりである。**図表9−1**をみればわかるとおり，2012年度は26.2%の企業が環境会計を導入しているが，導入企業割合は近年横ばいとなっている現状である。

　また，環境会計に関する情報を含む企業の環境経営やCSRに関する取組みを記載した報告書である環境報告書[2]の作成・公表状況は，**図表9−2**のとおりである。**図表9−2**をみればわかるとおり，2012年度は44.3%の企業が環境報

　1　平成24年度調査は，東京，大阪，名古屋の各証券取引所の1部，2部上場企業2,400社および従業員数500人以上の非上場企業4,361社，合計6,761社を対象とし，従業員区分および業種区分による層化比例配分抽出を行い，3,000社抽出されている。平成23年度までは，対象企業の全数調査であったが，平成24年度は標本調査に変更されている。
　2　環境省（2014）においては，環境報告書には，CSR報告書，持続可能性報告書等の一部として作成したものも含まれている。

第9章　企業グループ・マネジメントにおける環境会計　│　*139*

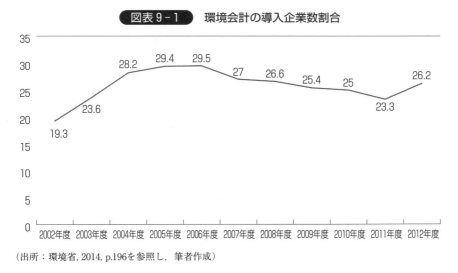

図表9−1　環境会計の導入企業数割合

（出所：環境省，2014, p.196を参照し，筆者作成）

図表9−2　環境報告書作成・公表企業数割合の推移

（出所：環境省，2014, p.141を参照し，筆者作成）

告書を作成・公表しており，昨年度と比べ7.9％増加している。

　近年の企業経営は，単独で行われることは少なくなっており，企業グループによる経営活動が行われている。伊藤（1999）において，グループ連結経営こそ，21世紀に向けた日本企業の最重要課題であり，それを構築することこそが

変革を成功に導く道であると指摘している（伊藤, 1999, p.2）。グループ連結経営を実施するにあたり，環境経営においても企業グループで実施しており[3]，実際，企業が発行する環境報告書においても，単独企業の名称で発行されている企業もあるが，近年，グループ名で発行している企業が多くなってきている。また，奥村（2004）によれば，グループ環境マネジメントは，当該会社1社で担当するのではなく，関係会社を含めたいくつかの会社と共同で責任を負っていく経営実態を意味しており，環境保全の努力とコストをグループ相互間，会社相互間で公平に負担しているのかなどの課題を含んでいる（奥村, 2004, pp.128-129）。

よって，環境会計を導入している企業は横ばいであるが，環境報告書を作成・公表している企業は増加している状況の中で，企業グループによる環境経営を実施することの重要性が高まっており，企業グループ・マネジメントにおける環境会計を研究対象とする意義がある。

Ⅲ 問題意識と仮説

環境経営におけるグループ・マネジメントの必要性を上述したが，企業グループ・マネジメントの最も大きな課題として，園田（2014b）において，全体最適（グループ経営の視点）と部分最適（単一企業または特定セグメントの視点）の間で整合性を保った経営を行うことがあげられている。また，企業グループ内の最適化の3つのレベルとして，①個別企業の最適化，②連結セグメントの最適化，③企業グループ全体の最適化の3つのレベルがあげられている。個別企業の最適化は，必ずしも連結セグメントの最適化と企業グループ全体の最適化を意味しないし，連結セグメントの最適化も，必ずしも企業グループ全体の最適化を意味するわけではない。したがって，この3者の間で最も望ましい状態を作り出すための情報を提供することが，管理会計には望まれることになる，と指摘している（園田, 2014b, pp.126-127）。

3　環境問題総合雑誌である『環境管理』において，毎年，グループ環境経営に関する特集が組まれており，各企業グループの環境経営に関する取組みが紹介されている。

第9章 企業グループ・マネジメントにおける環境会計 ▍ *141*

　そこで，果たしてグループ環境経営・会計の領域においても，同様のことがいえるのだろうか。グループ環境経営・会計の領域は，ステークホルダーの対象範囲が拡張しており，また，経済的利益と社会的利益の向上を目標としている。よって，グループ環境経営・会計の領域においては，部分最適化から全体最適化へシフトしており，経営者はグループ・マネジメントにおいては企業グループ全体の最適化ではなく，企業グループ全体を超えた範囲の最適化を望んでいることを仮説とする。次節において，グループ環境経営・会計の領域の中でも，環境会計情報の拡張について考察することとする。

Ⅳ　個別環境会計情報から連結環境会計情報への移行

1　『環境会計ガイドライン』における取扱い

　1997年6月，企業会計審議会より「連結財務諸表原則」の改訂がなされ，1999年4月以降に開始する事業年度より，従来の個別財務諸表中心主義から連結財務諸表中心主義へ移行した。制度会計領域において連結情報が主流になったことを受け，環境会計においても，大規模化，多様化，グローバル化の進展する経済システムのなかで企業等の実態を把握するには，事業活動を反映した連結グループ単位で情報をまとめ，評価することが必要となった（環境省，2005, p.31）。そこで環境省は，『環境会計ガイドライン（2005年版）』の改訂において，連結環境会計に関する取扱いについて，「すでに財務会計では経済活動実態を反映した連結情報が主流となっていますが，環境会計においても，事業活動における環境保全のためのコストとその活動により得られた効果を捉えようとすれば，可能な限り，サプライ・チェーンの広い範囲に関する環境負荷を対象としていく必要があります。このように環境会計においても，企業等の実態を理解しようとすれば，企業等の単独組織単位の情報ではなく，事業活動の実態を反映した連結グループ単位（企業集団）での情報把握・評価が必要となってきています。」（環境省，2005, p.31）と記載しており，連結環境会計の重要性を主張している。

　つぎに，連結の範囲についてであるが，連結会計は持株基準（親会社説）や

支配力基準（経済的単一体説）によって連結範囲を設定するが，連結環境会計は環境保全という目的から環境保全上の重要性に応じて連結範囲の設定が行われる。重要性の基準として，企業集団の環境影響を勘案し判断され，具体的に，企業集団の事業活動の態様により重要な環境影響を特定した上で，下記のような組織が対象としてあげられている。また，連結財務諸表の連結の範囲に準じて判断することもできる（環境省, 2005, p.31）。

i 重要な環境影響を勘案した環境パフォーマンス指標による環境負荷量の大きい関係会社
ii 重要な環境影響を勘案した環境保全対策分野の環境保全コストの大きい関係会社
iii 環境負荷量が大きくなくとも，質的に環境負荷の影響が重要と判断される関係会社

さらに連結環境会計の集計についてであるが，複数の法人組織を単一の組織体とみなして集計を行い，集計にあたっての基本的な流れは，下記のように行われる（環境省, 2005, p.32）。

i 連結の範囲の決定
ii 対象組織の個別の環境会計情報の集計
iii 個別の環境会計情報の合算
iv 内部取引による二重計上の消去

このうち，同一企業集団内の内部取引によって生じた(1)〜(3)のコストや効果については，合算した後で二重計上部分があれば消去される（環境省, 2005, p.32）。

(1) 環境保全コストの集計
　環境保全コストについては，企業集団内部での取引により二重計上となる環境保全コストを可能な限り消去したうえで集計する。
(2) 環境保全効果の集計
　環境保全効果については，原則として同一企業集団内での各企業等で算定した効果を合算する。ただし，明らかに二重計上となる効果は消去する。

（3）　環境保全対策に伴う経済効果の集計

　経済効果については，原則として同一企業集団内での各企業等で算定した経済効果を合算する。ただし，明らかに二重計上となる経済効果は消去する。

2　『環境報告ガイドライン』における取扱い

　つぎに，環境報告に関するガイドラインでの，連結環境会計の取扱いについてみていくこととする。環境報告に関するガイドラインの最新版である『環境報告ガイドライン（2012年版）』において，1)環境報告の対象範囲，2)バリューチェーンにおける環境配慮等の取組状況に関する記載がある（環境省，2012，pp.43-45, pp.72-74)。まず，環境報告で対象とする組織の範囲は，原則，連結決算対象組織全体が基本であるが，報告対象組織の範囲を限定している場合もあり，連結決算対象組織全体との異同がわかるように記載する必要がある。また，バリューチェーン全体（事業エリア外）における環境配慮等の取組状況について，購入・調達，生産・販売・業務提供，研究開発，輸送，開発・投資等，廃棄物処理などの活動別等により，記載する必要がある。

　以上，環境省が発行したガイドラインにおける連結環境会計の概要についてみてきたが，制度会計における連結会計に関する基準とは異なり，大綱的な記述にとどまっており，具体的な方法については詳述されていない。企業グループが，実際，当該ガイドラインを用いて，連結環境会計を実施するのは困難であり，今後，連結環境会計を推進するにあたり，連結環境会計を導入するための詳細なガイドラインを作成する必要がある。

3　連結環境会計の導入状況

　そこで実際，連結環境会計の導入状況を把握するため，東洋経済新報社が毎年発行している『CSR企業総覧』を使用し，環境会計の有無，環境会計の会計ベース（単体ベースもしくは連結ベース）について，分析を行った。使用するデータは『CSR企業総覧』2010年度版から2013年度版である。使用するデータの有効回答企業総数，調査期間は次のとおりである。2010年度版：1,104社（2009年7月～9月)，2011年度版：1,132社（2010年7月～9月)，2012年度版：

図表 9 - 3 環境会計の有無

環境会計の有無	2010年度版		2011年度版		2012年度版		2013年度版	
	企業数	割合	企業数	割合	企業数	割合	企業数	割合
あり	396	35.9%	398	35.2%	402	36.0%	412	36.5%
なし	633	57.3%	660	58.3%	648	58.0%	642	56.9%
作成予定	51	4.6%	51	4.5%	46	4.1%	41	3.6%
無回答	24	2.2%	23	2.0%	21	1.9%	33	2.9%
合計	1,104	100.0%	1,132	100.0%	1,117	100.0%	1,128	100.0%

（出所：『CSR企業総覧』各年度版を参照し，筆者作成）

1,117社（2011年 6 月～10月），2013年度版：1,128社（2012年 6 月～10月）である[4]。

　東洋経済新報社による調査項目である環境会計の有無に関する質問への回答は**図表 9 - 3**，環境会計・会計ベースに関する質問への回答は**図表 9 - 4**のとおりである。**図表 9 - 3**より，環境会計を導入している企業は2013年度版をみると412社（36.5％）であり，横ばい状況が続いている。また**図表 9 - 4**より，環境会計・会計ベースは2013年度版をみると単体ベースが242社（21.5％），連結ベースが142社（12.6％）であり，単体ベースで環境会計を実施している企業がいまだ多く，2010～2012年度版を見ても同様の結果であった。さらに，環境会計を実施していると回答した企業数で，単体ベースもしくは連結ベースで実施しているかどうかを分析したのが**図表 9 - 5**である。

　上記の分析結果から，環境会計を実施している企業は有効回答企業総数の約35％に過ぎず，また環境会計を実施している企業の半数以上が単体ベースで作成している状況が把握できた。つまり，環境会計はまだまだ企業に浸透しているとはいえず，もし環境会計を実施していても，制度会計とは異なり，連結ベースで実施するまでには至っていないのが理解できた。その理由として，環境省による『環境会計ガイドライン』および『環境報告ガイドライン』は連結環境会計を推奨しているが，当該ガイドラインには拘束力がないため，実際，

　4　たとえば，『CSR企業総覧2013年版』では，上場企業全社および主要未上場企業を対象に調査票を送付し，うち有効回答企業1,011社および個別調査を行った117社の計1,128社（上場1,073社，未上場55社）が対象である。

第9章 企業グループ・マネジメントにおける環境会計 **145**

図表9-4 環境会計・会計ベース

環境会計ベース	2010年度版		2011年度版		2012年度版		2013年度版	
	企業数	割合	企業数	割合	企業数	割合	企業数	割合
単体ベース	234	21.2%	224	19.8%	229	20.5%	242	21.5%
連結ベース	139	12.6%	145	12.8%	145	13.0%	142	12.6%
その他	83	7.5%	86	7.6%	84	7.5%	84	7.4%
無回答	648	58.7%	677	59.8%	659	59.0%	660	58.5%
合計	1,104	100.0%	1,132	100.0%	1,117	100.0%	1,128	100.0%

（出所：『CSR企業総覧』各年度版を参照し，筆者作成）

図表9-5 環境会計あり回答企業の会計ベース割合

	2010年度版		2011年度版		2012年度版		2013年度版	
	企業数	割合	企業数	割合	企業数	割合	企業数	割合
単体ベース	234	59.1%	224	56.3%	229	57.0%	242	58.7%
連結ベース	139	35.1%	145	36.4%	145	36.1%	142	34.5%
不明	23	5.8%	29	7.3%	28	7.0%	28	6.8%
合計	396	100.0%	398	100.0%	402	100.0%	412	100.0%

（出所：『CSR企業総覧』各年度版を参照し，筆者作成）

企業への環境会計・連結環境会計導入は進んでおらず，今後，企業が積極的に連結環境会計へ移行するための方法を検討する必要がある。

V　グループ環境経営・会計導入事例
──ビール業界大手4社を事例として

　本節では，ビール業界大手4社（サントリーホールディングス，キリンホールディングス，アサヒグループホールディングス，サッポロホールディングス）を事例にして，環境会計情報と財務情報との関連性について，考察することとする。『CSR企業総覧』2014年度版によれば，ビール4社すべて環境会計を実施しており，サントリー，キリン，サッポロは連結ベースで作成，アサヒは単独ベースで作成している。ビール業界を取り上げた理由は，消費者市場に直結する業種であり，他業種と比較して環境に対する意識が高いと言われる業種のためで

ある（向山, 2003, p.174）。向山（2003）においてもビール4社を例に同様の研究
が行われているが，当時の環境会計情報はすべて単独ベースであり，今回，
ビール4社のうち3社が連結ベースの環境会計情報を開示しているため，追試
を行うことにした。

1　ビール4社の財務情報

　まず，ビール4社の経営成績は**図表9-6**のとおりである。**図表9-6**によれ
ば，2013年度の売上高はキリン，サントリー，アサヒ，サッポロの順であるが，
最終的な利益である当期純利益はサントリー，キリン，アサヒ，サッポロの順
であった。

2　ビール4社の環境会計情報

　つぎに，ビール4社の環境会計情報をみていくが，2012年度のビール4社の
環境保全コストの内訳は，**図表9-7**のとおりである。環境保全コストは，事
業エリア内コスト，上・下流コスト，管理活動コスト，研究開発コスト，社会
活動コスト，環境損傷対応コストの6つのコストに分類される。**図表9-8**は，
2008年度から2012年度までの5年間のビール4社の環境保全コスト（投資額・
費用額）の推移を示している。**図表9-9**は，2012年度のビール4社の環境保
全に伴う経済効果の内訳を示している。具体的には，費用削減と収益額（リ
サイクル等）の合計額が環境保全に伴う経済効果として計算されている。
図表9-10は，2008年度から2012年度までの5年間の環境保全に伴う経済効果
の推移を示している。**図表9-11**は，2008年度から2012年度までの各年のビー
ル4社の環境保全コスト合計と経済効果，そして5年間の合計額を示している。
　図表9-11から，各年，5年間合計のどちらを見ても，環境保全コストに対
する経済効果は各社とも非常に悪いことがわかる。つまり，各社とも環境保全
活動において，自社の短期的な経済的利益を逸してまで中長期的な経済的利
益・社会的利益の追求を考えて行動していると推測される。

第 9 章　企業グループ・マネジメントにおける環境会計 ▊ *147*

図表 9 - 6　ビール 4 社の経営成績

（単位：百万円）

サントリー	2009年度	2010年度	2011年度	2012年度	2013年度
売上高	1,550,719	1,742,373	1,802,791	1,851,567	2,040,204
営業利益	83,544	106,727	114,161	107,744	126,558
当期純利益	32,666	40,027	62,614	36,631	195,574
キリン	2009年度	2010年度	2011年度	2012年度	2013年度
売上高	2,278,473	2,177,802	2,071,774	2,186,177	2,254,585
営業利益	128,435	151,612	142,864	153,022	142,818
当期純利益	49,172	11,394	7,407	56,198	85,656
アサヒ	2009年度	2010年度	2011年度	2012年度	2013年度
売上高	1,472,468	1,489,460	1,462,736	1,579,076	1,714,237
営業利益	82,777	95,349	107,190	108,437	117,467
当期純利益	47,644	53,080	55,093	57,183	61,749
サッポロ	2009年度	2010年度	2011年度	2012年度	2013年度
売上高	387,534	389,244	449,452	492,490	509,834
営業利益	12,895	15,403	18,883	14,414	15,344
当期純利益	4,535	10,772	3,164	5,393	9,451

（出所：ビール 4 社の各年度『有価証券報告書』を参照し，筆者作成）

図表 9 - 7　ビール 4 社の環境保全コストの内訳（2012年度）

（単位：百万円）

【環境保全コスト】	サントリー		キリン		アサヒ		サッポロ	
	投資額	費用額	投資額	費用額	投資額	費用額	投資額	費用額
事業エリア内コスト	1,668	7,492	2,802	11,257	812	6,080	N/A	N/A
上・下流コスト	0	1,053	0	66	0	177	N/A	N/A
管理活動コスト	0	1,808	52	1,197	0	298	N/A	968
研究開発コスト	47	266	5	293	78	242	N/A	1,700
社会活動コスト	83	414	0	190	0	459	N/A	38
環境損傷対応コスト	0	0	0	1	0	0	N/A	N/A
合計	1,796	11,033	2,859	13,004	890	7,256	N/A	2,706

（出所：『CSR企業総覧2014年度版』を参照し，筆者作成）

図表9-8 ビール4社の環境保全コストの推移

（単位：百万円）

	2008年度		2009年度		2010年度		2011年度		2012年度	
	投資額	費用額	投資額	費用額	投資額	費用額	投資額	費用額	投資額	費用額
サントリー	2,070	6,308	1,106	8,316	3,525	9,824	2,155	9,892	1,796	11,033
キリン	2,073	10,785	2,523	18,025	3,090	14,740	3,780	12,474	2,859	13,004
アサヒ	1,193	9,614	780	10,203	N/A	N/A	487	7,006	890	7,256
サッポロ	763	3,362	N/A	N/A	N/A	N/A	N/A	2,429	N/A	2,706

（出所：『CSR企業総覧』各年度版を参照し，筆者作成）

図表9-9 ビール4社の環境保全に伴う経済効果の内訳（2012年度）

（単位：百万円）

【環境保全対策に伴う経済効果（実質効果）】	サントリー	キリン	アサヒ	サッポロ
費用削減額	-1,176	601	168	N/A
収益額（リサイクル等）	-38	2	235	560
合計	-1,214	603	403	560

（出所：『CSR企業総覧2014年度版』を参照し，筆者作成）

図表9-10 ビール4社の環境保全に伴う経済効果の推移

（単位：百万円）

	2008年度	2009年度	2010年度	2011年度	2012年度
サントリー	-1,351	1,139	360	290	-1,214
キリン	N/A	954	1,006	711	603
アサヒ	695	612	433	354	403
サッポロ	1,897	N/A	N/A	504	560

（出所：『CSR企業総覧』各年度版を参照し，筆者作成）

第9章 企業グループ・マネジメントにおける環境会計 ▌ *149*

| 図表9-11 | ビール4社の環境保全コスト合計に対する経済効果の推移とその合計 |

(単位：百万円)

	2008年度		2009年度		2010年度		2011年度		2012年度		合計	
	コスト	効果	コスト	効果	コスト	効果	コスト	効果	コスト	効果	コスト	効果
サントリー	8,378	-1,351	9,422	1,139	13,349	360	12,047	290	12,829	-1,214	56,025	-776
キリン	12,858	N/A	20,548	954	17,830	1,006	16,254	711	15,863	603	83,353	3,274
アサヒ	10,807	695	10,983	612	N/A	433	7,493	354	8,146	403	37,429	2,497
サッポロ	4,125	1,897	N/A	N/A	N/A	N/A	2,429	504	2,706	560	9,260	2,961

（出所：『CSR企業総覧』各年度版を参照し，筆者作成）

3　ビール4社のエコ・エフィシェンシー

つぎに，エコ・エフィシェンシー（eco-efficiency）という環境と経済を両立する指標を用いた分析を行う。エコ・エフィシェンシーの「エコ」とは，エコロジーとエコノミーの両方の意味を有しており，「環境効率性」と「経済効率性」の両方を同時に達成しようとする目的がある。Schaltegger and Burritt (2000) によれば，エコ・エフィシェンシーとは，「付加価値と環境負荷の割合，もしくは経済パフォーマンス指標と環境パフォーマンス指標の割合」(Schaltegger and Burritt, 2000, p.444) である。また，エコ・エフィシェンシーは柔軟かつ目的適合的なアプローチであり，特定期間における，ある組織のマネジメントの，結合された経済的かつ環境的なパフォーマンスを測定する手段を提供するという目的を有している (Schaltegger and Burritt, 2000, p.42)。

そこで，本節では，分母に環境負荷量，分子に財務数値を用いて，各社の2009年度から2012年度までの4年間のエコ・エフィシェンシーを計算することとする。『CSR企業総覧』において環境負荷量が多く開示されているが[5]，環境負荷量[6]の指標として，ビール業界における重要な環境影響評価指標である

5　『CSR企業総覧』において，環境負荷量として，総エネルギー投入量，水資源投入量，温室効果ガス排出量，特定化学物質排出量・移動量，廃棄物等総排出量，総排水量が開示されている。

6　キリンの環境負荷量の範囲について，以下の注記がある。2009年度：国内海外34社，2010年度：国内海外39社，2011年度・2012年度：国内海外40社（『CSR企業総覧』各年度版）。

図表9-12 エコ・エフィシェンシー指標(財務数値/温室効果ガス排出量)の推移

サントリー	2009年度	2010年度	2011年度	2012年度
温室効果ガス排出量（t・CO_2）	302,228	308,872	315,991	321,300
エコ・エフィシェンシー (売上高/温室効果ガス排出量)	5.13	5.64	5.71	5.76
エコ・エフィシェンシー (営業利益/温室効果ガス排出量)	0.28	0.35	0.36	0.34
キリン	2009年度	2010年度	2011年度	2012年度
温室効果ガス排出量（t・CO_2）	1,686,000	1,677,000	1,097,000	1,195,555
エコ・エフィシェンシー (売上高/温室効果ガス排出量)	1.35	1.30	1.89	1.83
エコ・エフィシェンシー (営業利益/温室効果ガス排出量)	0.08	0.09	0.13	0.13
アサヒ	2009年度	2010年度	2011年度	2012年度
温室効果ガス排出量（t・CO_2）	212,000	197,000	182,000	180,000
エコ・エフィシェンシー (売上高/温室効果ガス排出量)	6.95	7.56	8.04	8.77
エコ・エフィシェンシー (営業利益/温室効果ガス排出量)	0.39	0.48	0.59	0.60
サッポロ	2009年度	2010年度	2011年度	2012年度
温室効果ガス排出量（t・CO_2）	106,693	99,406	95,790	103,120
エコ・エフィシェンシー (売上高/温室効果ガス排出量)	3.63	3.92	4.69	4.78
エコ・エフィシェンシー (営業利益/温室効果ガス排出量)	0.12	0.15	0.20	0.14

(出所：『CSR企業総覧』各年度版と図表9-6を参照し，筆者作成)

温室効果ガス排出量（t・CO_2）と総排水量（㎥）を用いる。また，財務数値として売上高と営業利益を用いて計算を行い，その計算結果は**図表9-12，図表9-13**のとおりである。分母の環境負荷量（温室効果ガス排出量，総排水量）を削減すると同時に，分子の財務数値（売上高，営業利益）が増加すれば，エコ・エフィシェンシーは向上・改善されるのである。

　図表9-12のエコ・エフィシェンシー指標（財務数値/温室効果ガス排出量）の推移を見れば，各社ともエコ・エフィシェンシーが改善されており，温室効果ガス排出量を削減しつつ，売上高・営業利益を増加していることが把握でき

第9章　企業グループ・マネジメントにおける環境会計 ┃ *151*

図表9-13 エコ・エフィシェンシー指標（財務数値／総排水量）の推移

サントリー	2009年度	2010年度	2011年度	2012年度
総排水量（㎥）	16,245,000	16,140,000	16,624,000	17,026,000
エコ・エフィシェンシー （売上高／総排水量）	0.095	0.108	0.108	0.109
エコ・エフィシェンシー （営業利益／総排水量）	0.005	0.007	0.007	0.006
キリン	2009年度	2010年度	2011年度	2012年度
総排水量（㎥）	81,530,000	79,732,000	82,215,000	88,985,000
エコ・エフィシェンシー （売上高／総排水量）	0.028	0.027	0.025	0.025
エコ・エフィシェンシー （営業利益／総排水量）	0.002	0.002	0.002	0.002
アサヒ	2009年度	2010年度	2011年度	2012年度
総排水量（㎥）	10,161,000	9,245,000	8,357,000	8,489,000
エコ・エフィシェンシー （売上高／総排水量）	0.145	0.161	0.175	0.186
エコ・エフィシェンシー （営業利益／総排水量）	0.008	0.010	0.013	0.013
サッポロ	2009年度	2010年度	2011年度	2012年度
総排水量（㎥）	4,111,825	4,415,000	4,235,000	4,517,196
エコ・エフィシェンシー （売上高／総排水量）	0.094	0.088	0.106	0.109
エコ・エフィシェンシー （営業利益／総排水量）	0.003	0.003	0.004	0.003

（出所：『CSR企業総覧』各年度版と図表9-6を参照し，筆者作成）

る。また，**図表9-13**のエコ・エフィシェンシー指標（財務数値／総排水量）の推移を見ると同様に，各社ともエコ・エフィシェンシーが改善されており，総排水量を削減しつつ，売上高・営業利益を増加していることが把握できる。つまり，ビール4社においては，環境効率性と経済効率性を両立した環境経営を行っていることがわかる。

4　ビール4社の環境経営度スコアおよびランキング

　これまでビール4社の環境保全コストに対する経済効果，エコ・エフィシェ

ンシーを考察してきたが，最後に，ビール4社が環境保全活動にコストをかけた結果，社会的利益に対してどのような影響を与えているか，検討することとする。そこで，社会的利益の代理変数として，日本経済新聞社が毎年発行する『「環境経営度調査」報告書』のランキングを用いて，分析を行った。環境経営度ランキングは，5つの評価指標（①環境経営推進体制，②汚染対策・生物多様性対応，③資源循環，④製品対策，⑤温暖化対策）を用いており，それぞれ，最高点100，最低点10とし，合計して総合スコアを算出している。2009年から2013年までの過去5年間の各社の環境経営度スコアおよびランキングは，**図表9-14**のとおりである[7]。

　図表9-11において，各社とも環境保全コストに対する経済効果は非常に悪い結果を得たが，**図表9-14**をみれば，各社とも環境経営度のランキングは上位にランキングされており，環境経営度のスコアは毎年，維持・向上されている。つまり，環境経営は短期的に見ればコスト高になり経済効果を得られにくいが，中長期的に見れば企業のブランド・評判などの社会的利益を得ることを通じて，最終的には経済的利益の獲得につながると推測される。言い換えれば，グループ環境経営・会計の領域においては，部分最適化から全体最適化へシフトしており，企業グループ全体を超えた範囲の最適化を望んでいるという仮説を支持している。

7　アサヒグループホールディングスは，第15回調査（2011年）からホールディングスでランキングされており，第13回，第14回の調査はアサヒビールで調査が行われている。

第 9 章　企業グループ・マネジメントにおける環境会計 **153**

図表 9-14　環境経営度の 5 つの指標の推移

サントリー	2009年	2010年	2011年	2012年	2013年
環境経営推進体制	78	84	87	73	80
汚染対策・生物多様性対応	84	93	92	95	94
資源循環	76	92	89	88	91
製品対策	80	91	94	95	88
温暖化対策	85	92	91	93	88
スコア	403	452	453	444	441
ランキング	119	34	38	42	48
キリン	2009年	2010年	2011年	2012年	2013年
環境経営推進体制	83	79	91	84	86
汚染対策・生物多様性対応	80	92	94	92	90
資源循環	85	93	86	80	83
製品対策	83	88	92	89	87
温暖化対策	89	93	88	94	86
スコア	420	445	451	439	432
ランキング	84	48	43	50	63
アサヒ	2009年	2010年	2011年	2012年	2013年
環境経営推進体制	87	89	89	61	69
汚染対策・生物多様性対応	87	86	87	86	80
資源循環	95	94	93	95	90
製品対策	87	86	88	83	71
温暖化対策	93	93	90	88	90
スコア	449	448	447	413	400
ランキング	36	43	50	102	136
サッポロ	2009年	2010年	2011年	2012年	2013年
環境経営推進体制	60	58	69	59	84
汚染対策・生物多様性対応	62	63	74	80	76
資源循環	61	65	77	84	75
製品対策	58	47	72	82	88
温暖化対策	85	76	87	92	89
スコア	326	309	379	397	412
ランキング	297	327	206	135	101

（出所：『「環境経営度調査」報告書』各年度版を参照し，筆者作成）

Ⅵ　おわりに

　以上，企業グループにおける環境経営・会計の現状について考察してきたが，環境会計実施企業は環境省（2014）によると26.2%，東洋経済新報社（2013）によると36.5%であり，横ばい，もしくは，若干の上昇傾向にある。一方，環境会計の会計ベースは連結ベースより単体ベースで実施している割合の方が多く，制度会計の状況とは異なっている。その理由として，環境会計実施は任意かつ『環境会計ガイドライン』に法的拘束力はないため，単体ベースでも環境会計を実施している企業は少なく，さらに連結ベースで環境会計を実施することはより困難である。また，グループ環境経営・会計を実施しているビール４社の事例より，各社とも短期的な経済的利益を度外視し，部分最適化から全体最適化を目指して，環境保全活動に取り組んでいる。環境保全活動は，短期的に見れば経済効果につながりにくく費用対効果が悪いが，エコ・エフィシェンシーや環境経営度ランキングにおいては，その効果が現れていることが把握できた。つまり，中長期的に見れば，グループ環境経営・会計は，経済的利益と社会的利益の同時実現に貢献しているのである。

　そこで，今後，企業グループによる環境経営・会計をより推進していくにあたり，①個別企業の最適化，②連結セグメントの最適化，③企業グループ全体の最適化を超えた，いわゆる④わが国・地球全体の最適化を目指し実施していく必要があるだろう。

● 参考文献

Bartolomeo, M., Bennett, M., Bouma, J.J., Heydkamp, P., James, P., de Walle, F. and T. Wolters. 1999. *Eco-Management Accounting.* Kluwer Academic Publishers.（安保栄司・矢沢秀雄・青木章通訳．2000.『環境管理会計』生産性出版）

Schaltegger, S. and R. Burritt. 2000. *Contemporary Environmental Accounting.* Greenleaf Publishing.（宮崎修行監訳．2003.『現代環境会計』五絃舎）

淺田孝幸．2010.「グループ企業の業績管理」．谷武幸・小林啓孝・小倉昇責任編集『体系現代会計学第10巻 業績管理会計』中央経済社：255-280.

伊藤邦雄. 1999. 『グループ連結経営』日本経済新聞社.

上野清貴. 2011. 「企業グループ経営と連結会計の課題」. 安藤英義・古賀智敏・田中建二責任編集『体系現代会計学第5巻 企業会計と法制度』中央経済社：179-206.

岡照二. 2010. 「環境コストマネジメントにおける環境パフォーマンス指標の役割—SBSC構築に向けて—」『原価計算研究』34(1)：91-101.

小川哲彦. 2011. 「環境会計分野における情報ニーズの拡張と管理会計の変容」日本管理会計学会スタディ・グループ『情報ニーズの拡張と管理会計の変容　中間報告書』：52-62.

奥村憲一. 2004. 「グローバル・グループ環境マネジメントの現状と課題」『立正経営論集』37(1)：127-199.

環境省. 2005. 『環境会計ガイドライン（2005年版）』.

環境省. 2012. 『環境報告ガイドライン（2012年版）』.

環境省. 2014. 『環境にやさしい企業行動調査結果（平成24年度における取組に関する調査結果）』.

國部克彦. 2000. 『環境会計（改訂増補版）』新世社.

國部克彦. 2012. 「環境経営と会計システム」. 國部克彦・伊坪徳宏・水口剛『環境経営・会計（第2版）』有斐閣：1-23.

園田智昭. 2014a. 「企業グループマネジメントの進展に伴う管理会計のイノベーション」『會計』185(2)：27-38.

園田智昭. 2014b. 「企業グループの全体最適と部分最適—管理会計の視点による分析—」『三田商学研究』56(6)：125-131.

東洋経済新報社『CSR企業総覧』2010年度版～2014年度版.

日本経済新聞社『「環境経営度調査」報告書』第13回～第17回.

向山敦夫. 2003. 『社会環境会計論』白桃書房.

◈有価証券報告書・環境報告書等

アサヒグループホールディングス株式会社『有価証券報告書』『アサヒグループCSRコミュニケーションレポート』各年度版.

キリンホールディングス株式会社『有価証券報告書』『キリングループサステナビリティレポート』各年度版.

サッポロホールディングス株式会社『有価証券報告書』『サッポログループCSRレポート』各年度版.

サントリーホールディングス株式会社『有価証券報告書』『サントリーグループCSRレポート』各年度版.

（岡　照二）

第10章

企業グループ・マネジメントにおける
環境会計の実態調査
——質問票調査を用いて

I はじめに

　第9章でも指摘したとおり，環境省は，『環境会計ガイドライン（2005年版）』の改訂において，連結ベースの環境会計に関する取扱いについて，「すでに財務会計では経済活動実態を反映した連結情報が主流となっていますが，環境会計においても，事業活動における環境保全のためのコストとその活動により得られた効果を捉えようとすれば，可能な限り，サプライ・チェーンの広い範囲に関する環境負荷を対象としていく必要があります。このように環境会計においても，企業等の実態を理解しようとすれば，企業等の単独組織単位の情報ではなく，事業活動の実態を反映した連結グループ単位（企業集団）での情報把握・評価が必要となってきています。」（環境省，2005, p.31）と記載しており，連結ベースの環境会計の重要性を主張している。

　しかしながら，環境省が2005年に単体ベースの環境会計から連結ベースの環境会計での情報開示への移行を推奨したにもかかわらず，東洋経済新報社が毎年発行する『CSR企業総覧』をみる限り，単体ベースの環境会計実施企業と比べると，連結ベースの環境会計実施企業が少ないのが明らかとなった。現在，制度会計は連結ベースが主流となって実施されているが，環境会計において連結ベースが主流となって実施されない理由として，環境会計の実施は任意かつ『環境会計ガイドライン』に法的拘束力がないため，単体ベースでも環境会計を実施している企業は少ないのに，連結ベースで環境会計を実施する企業はよ

り少ない。さらに，連結ベースの環境会計は単体ベースの環境会計を単純に足すだけで，会計情報としてそもそも価値がないのか，連結ベースの環境会計の必要性および重要性について検討する必要がある。

そこで本章では，なぜ，単体ベースの環境会計から連結ベースの環境会計への移行が思うように進まないのか，企業グループ・マネジメントにおける環境会計の実態について，質問票調査から明らかにする。

II 問題提起と仮説

東洋経済新報社が毎年発行する『CSR企業総覧』の2010年度版から2013年度版までを見ると，単体ベースで環境会計を実施する企業は，2010年度：21.2%（234社），2011年度：19.8%（224社），2012年度：20.5%（229社），2013年度：21.5%（242社），一方，連結ベースで環境会計を実施する企業は，2010年度：12.6%（139社），2011年度：12.8%（145社），2012年度：13.0%（145社），2013年度：12.6%（142社）であった（**図表9-4**参照）。単体ベースで環境会計を実施している企業は毎年20%程度，連結ベースで環境会計を実施している企業は毎年12%程度であり，単体ベースの方が連結ベースよりも多く，かつ，両者の実施割合も毎年あまり変化していないことがわかる。

そこで，企業グループ・マネジメントの観点から，なぜ単体ベースの環境会計から連結ベースの環境会計へ移行しないのかという問題を提起し，下記の仮説を設定し，単体ベースの環境会計実施企業および連結ベースの環境会計実施企業に対して，質問票調査を行うことで明らかにしたい。質問票調査を実施するにあたり，企業グループ・マネジメントにおける，単体ベースの環境会計と連結ベースの環境会計についての実態調査に関する先行研究を調査したが，筆者が知る限り見つけることはできなかった。

仮説1 単体ベースと連結ベースにおいて，環境経営における環境会計の重要度・目的が異なる。

仮説2 連結ベースは，単体ベースと比べ，実施コストが高くなりかつ実施時間が長くなるにもかかわらず，導入効果が少ない。

仮説3 企業グループ・マネジメントの環境経営・環境会計において，ステークホルダーの範囲は拡張する。

仮説4 企業グループ・マネジメントの環境経営において，最適化の範囲は拡張する。

　企業グループ・マネジメントにおける環境経営・会計をより積極的に推進していくにあたり，①個別企業の最適化，②連結セグメントの最適化，③企業グループ全体の最適化，つまり，企業グループ全体の全体最適と各社の部分最適との整合性をどのようにしてとっていくかを考える必要がある。なお，追加的な問題提起として，環境会計の視点からは，③企業グループ全体の最適化を超えた，サプライチェーン，わが国，地球全体の最適化を目指し実施していく必要があると考えられ，企業グループ・マネジメントにおける部分最適化から全体最適化へのシフトについて，次節以降の質問票調査から検討していくこととする。

Ⅲ　質問票調査の概要

　本質問票調査は，東洋経済新報社が2013年に発行した『CSR企業総覧2013』において，「単体ベースで環境会計を実施している」と回答した企業242社，「連結ベースで環境会計を実施している」と回答した企業142社，合計384社の環境部署を対象に質問票を郵送した。質問票は2015年6月9日（火）に発送し，2015年7月3日（金）を返送締切とした。質問票の回答は93社（回収率24.2％）からあったが，回答に対する不備や特定のグループの子会社であると回答した企業を除外した結果，有効回答企業は81社（有効回答率21.1％）となり，以下，81社を分析対象とする。回答企業の業種の内訳は，**図表10-1**のとおりである。

図表10-1 有効回答企業の業種

業種	企業数	構成比
輸送用機器	4	4.9%
非鉄金属	5	6.2%
電気機器	16	19.8%
電気・ガス業	3	3.7%
鉄鋼	5	6.2%
機械	5	6.2%
精密機器	3	3.7%
食料品	5	6.2%
化学	8	9.9%
医薬品	1	1.2%
パルプ・紙	2	2.5%
その他製品	6	7.4%
ゴム製品	1	1.2%
ガラス・土石製品	1	1.2%
建設業	6	7.4%
陸運業	1	1.2%
卸売業	4	4.9%
情報・通信業	2	2.5%
銀行業	2	2.5%
不明	1	1.2%
合計	81	100.0%

(出所：筆者作成)

Ⅳ 分析・考察

1 環境会計の実施状況

　まず，現在の環境会計の実施状況であるが，**図表10-2**のとおりである。「環境会計を実施している」と回答した企業は71社，「環境会計を実施していない」と回答した企業が5社，「環境会計を以前は実施していたが現在は実施していない」と回答した企業が5社あった。東洋経済新報社の調査で環境会計を実施している企業と回答した企業だけを対象として，今回，質問票を郵送したが，「環境会計を実施していない」と回答した企業が5社もあった。また，「環境会計を以前は実施していたが現在は実施していない」と回答した企業5社が，環

第10章　企業グループ・マネジメントにおける環境会計の実態調査 ▌ *161*

図表10- 2　環境会計の実施状況

	回答数	割合
環境会計を実施している	71	87.7%
環境会計を実施していない	5	6.2%
環境会計を以前は実施していたが，現在は実施していない	5	6.2%
合計	81	100.0%

（出所：筆者作成）

図表10- 3　環境会計の実施形態

	回答数	割合
単体ベースの環境会計を実施している	34	47.9%
連結ベースの環境会計を実施している	37	52.1%
合計	71	100.0%

（出所：筆者作成）

境会計を実施するのをやめた理由として，「環境会計のメリット（導入効果）がない」という質問項目に対して，3社の企業が「とてもそう思う」「そう思う」と回答している。

2　環境会計の実施形態

つぎに，「環境会計を実施している」と回答した企業71社の環境会計の実施形態は，**図表10- 3**のとおりである。「単体ベースで環境会計を実施している」と回答した企業は34社，「連結ベースで環境会計を実施している」と回答した企業は37社となった。つまり，本質問票調査から，特定の企業グループの親会社においては，環境省が推奨する連結ベースの環境会計の移行が若干ではあるが進んでいると思われる。

また，単体ベースと連結ベースの環境会計実施企業の業種の内訳は，**図表10- 4**のとおりである。環境会計を実施している業種は電気機器が多く，単体ベースでは建設業，電気・ガス業，鉄鋼，機械，化学，その他製品と続く。一方，連結ベースでは非鉄金属，食料品，化学と続く。

162

| 図表10-4 | 単体ベースおよび連結ベースの環境会計実施企業の業種 |

業種	単体ベース		連結ベース	
	企業数	構成比	企業数	構成比
輸送用機器	2	5.9%	2	5.4%
非鉄金属	1	2.9%	4	10.8%
電気機器	4	11.8%	12	32.4%
電気・ガス業	3	8.8%	0	0.0%
鉄鋼	3	8.8%	1	2.7%
機械	3	8.8%	2	5.4%
精密機器	0	0.0%	1	2.7%
食料品	1	2.9%	4	10.8%
化学	3	8.8%	4	10.8%
医薬品	1	2.9%	0	0.0%
パルプ・紙	2	5.9%	0	0.0%
その他製品	3	8.8%	2	5.4%
ガラス・土石製品	0	0.0%	1	2.7%
建設業	4	11.8%	1	2.7%
陸運業	1	2.9%	0	0.0%
卸売業	1	2.9%	1	2.7%
情報・通信業	0	0.0%	2	5.4%
銀行業	2	5.9%	0	0.0%
合計	34	100.0%	37	100.0%

(出所：筆者作成)

3　環境会計情報の重要度・実施目的・ステークホルダー別の重要度

　さらに，単体ベースの環境会計実施企業と連結ベースの環境会計実施企業において，環境経営における環境会計情報の重要度の回答結果は，**図表10-5**のとおりである。環境会計情報の重要度について，「とても重視している」「重視している」と回答した企業は，単体ベースで50%，連結ベースで40.5%を占めており，一方，「あまり重視していない」「全く重視していない」と回答した企業は，単体ベースで14.7%，連結ベースで21.6%であり，環境会計実施企業の比較的多くは，環境経営において環境会計情報を重視していることがわかった。

　また環境会計の実施目的であるが，単体ベースは「企業外部への情報開示目的」，連結ベースは「企業外部への情報開示目的および企業内部の経営管理目的の両方である」と回答した企業が最も多かった。しかし，単体ベースおよび

第10章　企業グループ・マネジメントにおける環境会計の実態調査 ▎*163*

図表10-5　環境経営における環境会計情報の重要度

	単体ベース	連結ベース
1．とても重視している	3	2
2．重視している	14	13
3．どちらとも言えない	12	14
4．あまり重視していない	2	8
5．全く重視していない	3	0
合計	34	37

（出所：筆者作成）

図表10-6　環境会計の実施目的

	単体ベース	連結ベース
1．企業外部への情報開示目的	16	17
2．企業内部の経営管理目的	1	0
3．1と2の両方	15	20
4．その他	2	0
合計	34	37

（出所：筆者作成）

連結ベースともに，企業外部への情報開示の目的のために環境会計を実施しており，環境会計の実施目的においては単体ベースと連結ベースで大きな相違はなかった（**図表10-6**参照）。

　つぎに，単体ベースと連結ベースの環境会計実施企業の環境経営および環境会計におけるステークホルダー別の重要度は，**図表10-7**および**図表10-8**のとおりである。まず環境経営におけるステークホルダー別の重要度であるが，単体ベースおよび連結ベースともに「従業員」と「顧客」が高いのに対し，「投資家」については，連結ベースではトップであるが，単体ベースではそれほど高くはないことがわかる。また，単体ベースの環境会計実施企業は，環境経営において「投資家」ではなく「地球環境」を重要なステークホルダーとして捉えていることがわかった。一方，環境会計におけるステークホルダー別の重要度であるが，単体ベース，連結ベースともに投資家がトップであり，ステークホルダー別の重要度はあまり相違がないことがわかった。

| 図表10-7 | 環境経営におけるステークホルダー別の重要度（複数回答可） |

	単体ベース		連結ベース	
	ステークホルダー	回答数	ステークホルダー	回答数
1	従業員	27	投資家	34
2	顧客	27	顧客	33
3	地球環境	25	従業員	32
4	地域住民	24	取引先	29
5	取引先	23	地域住民	29
6	投資家	22	地球環境	28
7	国・地方公共団体	18	国・地方公共団体	21
8	債権者	7	債権者	13
9	その他	4	その他	2
合計		177		221

（出所：筆者作成）

| 図表10-8 | 環境会計におけるステークホルダー別の重要度（複数回答可） |

	単体ベース		連結ベース	
	ステークホルダー	回答数	ステークホルダー	回答数
1	投資家	24	投資家	33
2	顧客	21	顧客	26
3	地域住民	21	従業員	26
4	従業員	20	取引先	24
5	取引先	19	地域住民	21
6	国・地方公共団体	14	国・地方公共団体	18
7	地球環境	14	地球環境	15
8	債権者	7	債権者	12
9	その他	8	その他	4
合計		148		179

（出所：筆者作成）

4　単体ベースの環境会計から連結ベースの環境会計への移行

　2005年，環境省は『環境会計ガイドライン』の改訂において，単体ベースの環境会計から連結ベースの環境会計での情報開示への移行を推奨しているが，単体ベースと連結ベースの環境会計実施企業ともに，「知っている」と回答した企業が70％を超えている（**図表10-9**参照）。より詳しくみていくと，質問票調査の記述式回答から，連結ベースの環境会計実施企業の多くは，環境会計実施当初から連結ベースで実施していることがわかった。現在，単体ベースの環

第10章　企業グループ・マネジメントにおける環境会計の実態調査 **▎** *165*

図表10-9 環境省による単体ベースから連結ベースの環境
会計への移行の推奨

	単体ベース	連結ベース
１．知っている	26	27
２．知らない	7	8
無回答	1	2
合計	34	37

（出所：筆者作成）

図表10-10 単体ベースから連結ベースの環境
会計への移行の有無

	単体ベース
１．移行予定である	1
２．移行を検討している	7
３．移行する予定はない	25
無回答	1
合計	34

（出所：筆者作成）

境会計実施企業が，今後，連結ベースの環境会計へ移行する予定の有無につい
ては，**図表10-10**のとおりである。「移行予定である」「移行を検討している」
は23.5％にとどまっており，現在，単体ベースで環境会計を実施している多く
の企業は，連結ベースへ移行する予定はないことが明らかになった。

　そこでなぜ単体ベースの環境会計実施企業は連結ベースへ移行しないのか，
また，連結ベースの環境会計実施企業は単体ベースから連結ベースへ移行して
どのような変化があったのか，①実施コスト，②実施時間，③導入効果の３つ
の側面から行った調査の回答結果は**図表10-11**，**図表10-12**のとおりである。現
在，単体ベースの環境会計を実施している企業は，連結ベースの環境会計へ移
行しない理由[1]として，①実施コストが高くなる（58.8％），②実施時間が長く
なる（76.5％），③導入効果がない（47.1％）と考えており，つまり，実施コス

1　①，②，③の計算結果は，「１．とてもそう思う」「２．そう思う」と回答した企業
　合計と総回答企業の割合である。

| 図表10-11 | 単体ベースから連結ベースへの移行に伴う変化（単体ベース企業） |

単体ベース	1．とても そう思う	2．そう思 う	3．どちら とも言え ない	4．あまり そう思わ ない	5．全くそ う思わな い	無回答
①実施コストが 高くなる	7	13	7	5	1	1
②実施時間が 長くなる	10	16	5	2	0	1
③導入効果が ない	7	9	10	6	1	1

（出所：筆者作成）

| 図表10-12 | 単体ベースから連結ベースへの移行に伴う変化（連結ベース企業） |

連結ベース	1．とても そう思う	2．そう思 う	3．どちら とも言え ない	4．あまり そう思わ ない	5．全くそ う思わな い	無回答
①実施コストが 高くなった	3	11	11	7	3	2
②実施時間が 長くなった	3	16	10	4	2	2
③導入効果が あった	1	6	21	5	2	2

（出所：筆者作成）

トが高く，かつ実施時間が長くなるにもかかわらず，導入効果が少ないため，単体ベースから連結ベースへの移行を消極的に捉えている企業が多いと思われる。

　一方，現在，すでに連結ベースの環境会計を実施している企業は，①実施コストが高くなった（37.8％），②実施時間が長くなった（51.4％），③導入効果があった（18.9％）という結果が得られた。実際，単体ベースから連結ベースへ移行した結果，単体ベースの環境会計実施企業が予想している以上に実施コストは高くならず実施時間も長くならないが，その導入効果は予想どおり少なかったことが明らかになった。

第10章　企業グループ・マネジメントにおける環境会計の実態調査 ┃ *167*

5　連結ベースの環境会計実施企業の対応

　連結ベースの環境会計を実施している企業は，連結の範囲は連結財務諸表作成時と相違はあるのだろうか。**図表10-13**で示しているとおり，連結財務諸表作成時と「同様である」と回答した企業は6社，「異なる」と回答した企業は31社であり，80％以上の企業は制度会計上の連結の範囲とは異なることがわかった。その理由として，海外にあるグループ企業において，環境会計のデータを入手するのが困難であることなどがあげられていた。

　また，『環境会計ガイドライン（2005年版）』では，同一企業内の内部取引によって生じたコストや効果については，合算した後で二重計上部分があれば消去することを求めているが，連結ベースの環境会計実施企業の実際の現況は，**図表10-14**のとおりである。①環境保全コスト，②環境保全効果，③環境保全対策に伴う経済効果において，「消去していない」と回答した企業は10社（27％）であり，それ以外の企業は「完全に消去している」「可能な限り消去している」など，内部取引による二重計上の消去について何らかの対応を行っていることがわかる。

6　環境経営の最適化の範囲とサプライチェーンによる環境会計情報の開示の必要性

　最後に，個別企業および企業グループにおける最適化の範囲について，単体ベースの環境会計実施企業と連結ベースの環境会計実施企業で相違があるのか質問を行い，回答結果は**図表10-15**，**図表10-16**のとおりである[2]。個別企業の環境経営の最適化の範囲においては，単体ベース，連結ベースともに企業グループ全体の最適化を対象としている。しかし，企業グループ全体の最適化の次は，単体ベースでは個別企業，連結セグメントの順であり，連結ベースでは連結セグメント，サプライチェーンの順となり，連結ベースの方が単体ベース

2　回答企業に対して，貴社の環境経営における最適化の範囲と貴グループの環境経営における最適化の範囲について，貴社および貴グループを代表して，2つの立場での回答を求めている。

図表10-13 連結ベースの環境会計と連結財務諸表作成時の連結範囲の相違

	連結ベース
1．同じである	6
2．異なる	31
合計	37

（出所：筆者作成）

図表10-14 内部取引による二重計上の消去

	1．完全に消去している	2．可能な限り消去している	3．消去していない	無回答
①環境保全コスト	4	22	10	1
②環境保全効果	5	21	10	1
③環境保全対策に伴う経済効果	5	21	10	1

（出所：筆者作成）

図表10-15 個別企業の環境経営における最適化の範囲（複数回答可）

個別企業	1．個別企業	2．連結セグメント	3．企業グループ全体	4．サプライチェーン	5．わが国全体	6．地球全体	合計
単体ベース	16	10	17	6	3	4	56
連結ベース	12	16	24	16	6	7	81

（出所：筆者作成）

図表10-16 企業グループの環境経営における最適化の範囲（複数回答可）

企業グループ	1．個別企業	2．連結セグメント	3．企業グループ全体	4．サプライチェーン	5．わが国全体	6．地球全体	合計
単体ベース	13	9	21	6	3	4	56
連結ベース	10	14	25	18	6	8	81

（出所：筆者作成）

より，個別企業の環境経営における最適化の範囲が拡張していることがわかる。

また同様に，企業グループの環境経営の最適化の範囲においては，単体ベース，連結ベースともに企業グループ全体の最適化を対象としている。しかし，企業グループ全体の最適化の次は，単体ベースでは個別企業，連結セグメントの順であり，連結ベースではサプライチェーン，連結セグメントの順となり，個別企業の環境経営における最適化の範囲と同様に，連結ベースの方が単体ベースより，最適化の範囲が拡張していることがわかる。

Ⅱで指摘したとおり，企業グループ・マネジメントの最適化の範囲は①個別企業，②連結セグメント，③企業グループ全体を対象としていたが，企業グループ・マネジメントにおける環境経営の最適化においては，③企業グループ全体の範囲を超えたサプライチェーン，わが国，地球全体の範囲まで最適化の対象となっていることが明らかになった。今後，企業が環境問題を解決するにあたり，企業グループ全体を超えたサプライチェーン，国，地球全体の全体最適化を目指し対応していくことが必要であると思われる。

一方，サプライチェーンによる環境会計の情報開示の必要性であるが，「必要がある」と回答した企業は16社（22.5％），「必要がない」と回答した企業は19社（26.8％）であった（**図表10-17**参照）。**図表10-15**，**図表10-16**において，企業グループ・マネジメントにおける環境経営の最適化についてサプライチェーンを最適化の対象とすることが明らかになったが，環境会計についてはサプライチェーンによる情報開示は必要ないと回答した企業が多いという結果になった。現在，環境経営においてはサプライチェーンを最適化の対象と考えている企業が多く，今後は環境会計においてもサプライチェーンによる情報開示の必要性が出てくると思われ，そのためにサプライチェーンによる環境会計の情報開示のためのガイドライン等を作成する必要がある。

図表10-17 サプライチェーンによる環境会計の情報開示の必要性

	1．とてもそう思う	2．そう思う	3．どちらとも言えない	4．あまりそう思わない	5．全くそう思わない	合計
単体ベース	1	5	19	5	4	34
連結ベース	1	9	17	5	5	37
合計	2	14	36	10	9	71

（出所：筆者作成）

$\boxed{V}$　おわりに

　以上，企業グループ・マネジメントにおける環境会計の実態を明らかにするため，質問票調査を実施し，得られた回答結果から分析・考察を行ってきた。Ⅱで設定した仮説1から仮説4についてであるが，仮説1については，単体ベース・連結ベースともに，環境経営において環境会計を比較的重視しており，環境会計は企業外部への情報開示目的および企業内部の経営管理目的の両方で利用しており，両者に大きな相違はなかった。

　仮説2については，連結ベースへの移行は，単体ベースの環境会計実施企業が予想している以上に実施コストは高くならず実施時間も長くならないが，その導入効果は少ないことが明らかになった。

　仮説3については，環境経営・環境会計のステークホルダー別の重要度において，単体ベース・連結ベースともに主に投資家，顧客，従業員を重視している一方，通常の企業経営においてステークホルダーとして扱われることがない地球環境について，環境経営においては重視されていることがわかり，ステークホルダーの範囲が拡張していることが明らかになった。

　仮説4については，企業グループ・マネジメントの環境経営において，企業グループ全体を最適化の対象としている企業が最も多かったが，連結ベースの環境会計実施企業においては，単体ベースの環境会計実施企業と異なり，サプライチェーンまでを最適化の対象とする企業も次に多かった。さらにわが国，

地球全体まで最適化の範囲としている企業もあり，企業グループ・マネジメントの環境経営において，最適化の範囲が拡張していることが明らかになった。

　最後になるが，今後の残された研究課題をあげると，本章では単体ベースの環境会計実施企業と連結ベースの環境会計実施企業の相違点やステークホルダーや最適化の範囲拡張など，非財務情報との関係について検討を行ったが，財務情報との関係については分析を行うことができなかった。今後，単体ベースの環境会計実施企業と連結ベースの環境会計実施企業において，環境情報と財務情報との相関関係などについて，分析・考察していきたい。

(付記) 本章の質問票調査は，お忙しいところ質問票調査にご返答いただいた93社の企業様のご協力により実現することができました。ここに厚く御礼申し上げます。

● **参考文献**

環境省．2005．『環境会計ガイドライン（2005年版）』．

園田智昭．2014a．「企業グループマネジメントの進展に伴う管理会計のイノベーション」『會計』185(2)：27-38.

園田智昭．2014b．「企業グループの全体最適と部分最適─管理会計の視点による分析─」『三田商学研究』56(6)：125-131.

東洋経済新報社『CSR企業総覧』2010年度版～2014年度版.

（岡　照二）

第11章

企業グループ・マネジメントにおける
ロイヤルティ・プログラムの役割と
顧客基盤の構築

I　はじめに

　現代においては，大規模な企業の多くは多角化し，子会社や関係会社を含め
た企業グループを形成している。企業グループ・マネジメントの大きな課題の
１つは，グループ全体の最適化と個別セグメントまたは個別企業における部分
最適化との整合性をいかに図るかにある。多角化している企業グループの業績
の全体最適を図るためには，グループ企業間でシナジー効果を創出することが
必要である。シナジー効果は相乗効果と訳され，複数の事業を運営している企
業もしくは企業グループにおいて追求される。多角化の目的には，短期的な収
益性を追求するものと（関連多角化による収益性の向上），長期的な成長性（新
規事業の創出による成長性の向上）を追求するものとあるが，とりわけ関連多角
化を追求する場合にはシナジー効果の創出が期待されることが多い。本章の目
的は，企業グループで導入したロイヤルティ・プログラムが，グループ・シナ
ジー効果の創出にどのように貢献するかを明らかにすることである。

　企業グループで導入したロイヤルティ・プログラム（以下，本章では企業グ
ループ型のロイヤルティ・プログラムとよぶ）の貢献に注目する理由は，ロイヤ
ルティ・プログラムの形態およびその期待される役割は，導入している組織の
形態によって変化するためである。従来，多くの企業（とりわけ一般消費者に
対して商品・サービスを販売するBtoC企業）が，顧客の繋ぎ止めを目的としてロ
イヤルティ・プログラムを導入してきた。ロイヤルティ・プログラムの初期段

階においては，企業グループのなかにBtoC企業を複数保有している場合であっても，ロイヤルティ・プログラムは個別の企業ごとに導入されるケースが多かった。なぜなら，グループ企業の業態はそれぞれに異なっており，複数企業を横断する購買情報を統合的に分析することも困難であったからである。しかし，企業グループ・マネジメントという視点から見ると，各社で個別に顧客を囲い込むよりも，企業グループ全社で共通の顧客基盤を構築し管理した方が，企業グループ全体の収益性は向上する。また，近年の情報技術の発展により，グループ内の複数事業における顧客の購買データを解析すること，顧客の嗜好を多面的に把握することが可能になり，その情報をもとに強固で収益性の高い顧客資産を構築することが期待できるようになった。そのような環境の変化に伴い，ロイヤルティ・プログラムも個別の企業ごとに導入されていたときとは役割が変化し，企業グループ・マネジメントに貢献しているのではないだろうか。

　本章の流れは以下のとおりである。第Ⅱ節では，単一企業型，企業グループ型，提携型という3種類のロイヤルティ・プログラムの特徴について検討したうえで，本章の検討対象である企業グループ型のロイヤルティ・プログラムの特徴を明らかにする。第Ⅲ節では，ロイヤルティ・プログラムに関する先行文献の参照を通じて，ロイヤルティ・プログラムが概ね企業業績に正の影響を及ぼすこと，企業グループ型のロイヤルティ・プログラムについては実証研究がほとんどなされていないことを示す。第Ⅳ節では，グループ・シナジーの3つの構成要素を明らかにし，企業グループ型のロイヤルティ・プログラムがどのようにグループ・シナジーの創出に貢献するのかを検討する。第Ⅴ節では，本章の内容をまとめる。

Ⅱ　企業グループ・マネジメントのためのロイヤルティ・プログラム

1　ロイヤルティ・プログラムの目的

　ロイヤルティ・プログラムとは，セールス・プロモーションの一形態とされている。上田・守口（2004）は，セールス・プロモーションを価格型プロモー

第11章　企業グループ・マネジメントにおけるロイヤルティ・プログラムの役割と顧客基盤の構築 ▎ *175*

ション（値引き販売が該当する）と非価格型プロモーション（もしくは非価格訴求型プロモーション）とに分類し，さらに非価格型プロモーションを情報提供型（製品やサービスの情報提供を目的としたもの），体験型（製品やサービスを実際に体験してもらい，その特徴や良さを実感してもらうもの），インセンティブ提供型（製品やサービス以外のインセンティブを提供するもの）の3種類のプロモーションに分類している。ロイヤルティ・プログラムはこのうち，非価格型でインセンティブ提供型のセールス・プロモーションに該当するという。また海保（2010, p.120）によれば，ロイヤルティ・プログラムの狙いは顧客の「ロイヤルティ（忠誠心）」を得ること，すなわち顧客を自社に囲い込んで売上高の増加を達成することにあるとされる[1]。以上をまとめると，ロイヤルティ・プログラムとは，インセンティブの提供を通じて顧客のロイヤルティを獲得し，顧客の囲い込みおよびそれに伴う売上の増大を通じて収益性の向上を達成することをねらいとする，非価格訴求型のセールス・プロモーションということになる。

2　ロイヤルティ・プログラムの分類——特典の種類に基づく分類

ロイヤルティ・プログラムは，特典の種類に基づいてポイント・プログラムと値引きプログラムの2種類に分類可能である[2]（図表11-1参照）。

ポイント・プログラム（ポイント制度ともいう）はロイヤルティ・プログラムの一種で，購買金額や購買回数などに応じて「ポイント」を与え，累積したポイント数に応じた特典，キャッシュバックなどを行うものである（青木・佐々木, 2011, p.3）。ポイント・プログラムの典型的な例は，大手家電量販店で発行しているポイントカードである。

ロイヤルティ・プログラムには値引きプログラムも含まれる。値引きプログラムとは，商品・サービスの購入額や利用頻度に応じて顧客の次回以降の利用

1　一般にロイヤルティには心理的なロイヤルティと行動上のロイヤルティがあることが知られているが，ロイヤルティ・プログラムは特典という経済的便益を付与することで行動上のロイヤルティを発現させるしくみである。

2　店舗を訪れたすべての顧客が等しく受けることのできる単なる「値引き」はロイヤルティ・プログラムには含まれない。本章においてロイヤルティ・プログラムに含めている「値引きプログラム」は，ある一定の条件を満たした場合に，登録された会員のみが享受できる値引きを指している。

図表11-1 ロイヤルティ・プログラムの特典の種類による分類

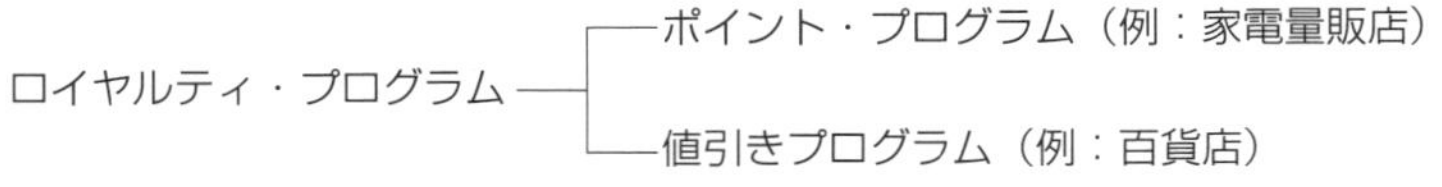

ロイヤルティ・プログラム ──┬── ポイント・プログラム（例：家電量販店）
　　　　　　　　　　　　　　└── 値引きプログラム（例：百貨店）

（出所：筆者作成）

時に一定金額，一定比率を商品の代金から値引くものである。典型的な例は，大手百貨店などで発行するカードである。本章で検討の対象とするロイヤルティ・プログラムは，主としてポイント・プログラムである。しかし，値引きプログラムであってもその意図，効果には大きな違いは存在しないと考えられるので，両者を総称してロイヤルティ・プログラムということとする。

3　ロイヤルティ・プログラムの分類──特典の提供主体に基づく分類

ロイヤルティ・プログラムは顧客への特典の提供主体に基づき，(1)単一企業型のロイヤルティ・プログラム，(2)提携企業型のロイヤルティ・プログラム，(3)企業グループ型のロイヤルティ・プログラムに分類できる。以下では，各々の特徴について検討する。

(1)　単一企業型のロイヤルティ・プログラム

第1の分類は，単一企業型のロイヤルティ・プログラムである。顧客は企業（当該企業がロイヤルティ・プログラムの運営会社でもある）から商品またはサービスを購入すると同時に対価を支払い，当該企業から特典（ポイントまたは値引き）を付与される。最も単純な形態ではあるが，現在でも多くのロイヤルティ・プログラムはこの形態に該当する。また，後述するロイヤルティ・プログラムの効果に関する研究の多くは，単一企業型のロイヤルティ・プログラムを想定している。

単一企業型のロイヤルティ・プログラムの長所は，その構造が単純であるため，効果の検証が比較的容易であること，囲い込んだ顧客が他の企業に流出しないことである。ロイヤルティ・プログラムの効果測定は，インプットたるコストとアウトプットの尺度を比較検討することで行われる。アウトプットの尺

度としては，ロイヤルティ・プログラムの導入に伴う売上の増加分を把握できることが理想的であるが，実際には困難である。したがって，顧客の購買頻度，ポイントカードの契約件数，カード提示者の平均購買単価（非提示者との比較）などの，中間的かつ非財務的な尺度で効果測定を行うケースが多い。その場合であっても，後述する企業グループ型のロイヤルティ・プログラムや，提携型のロイヤルティ・プログラムと比較すると，効果の検証は比較的容易であり，費用対効果が見合わない場合には撤退の判断も可能である[3]。

　単一企業型のロイヤルティ・プログラムの２つ目の長所として，顧客の流出を防止できる点がある[4]。この点について，企業ポイント研究会（2007）は，企業ポイントの特徴を「次回の購買を誘発できるという意味で，単純な値引きと異なる（p.2）」と指摘している。ポイント制度と値引きとの比較については，「値引きも消費者誘引効果はあるが，値引きして浮いたお金を消費者がその後どのように利用するかは不明確である（自社の商品，サービスに利用しているとは限らない）。他方，企業ポイントは，通常次回以降の購買時に消費者が利用するものであり，自社への消費者誘引効果が高い（p.2）」と述べ，顧客が流失しない（次回に付与されたポイントを利用する際には，その店舗もしくはその企業に戻ってくる）点を理由に，顧客ポイント・プログラムが値引き販売より優れたセールス・プロモーションであると指摘している。

　単一企業型のロイヤルティ・プログラムの短所は，顧客にとってのポイントの利便性が，他のタイプのロイヤルティ・プログラムと比較して劣ることである。単一の企業でロイヤルティ・プログラムを運営しているため，貯めたポイントはその企業でしか利用することはできない。したがって，顧客にその企業の商品・サービスを反復的に購入する意思が弱い場合や，次回購買までの期間

3　たとえば，ファーストリテイリング社は，かつてポイントカードを発行していたが，費用に見合う効果が見込めないとして，2002年３月末に新規ポイントの発行を終了している。

4　この利点はすべてのタイプのロイヤルティ・プログラムに共通している利点ではなく，単一企業型のロイヤルティ・プログラムの利点である。企業グループ型のロイヤルティ・プログラムを導入する場合には，顧客はグループ企業全体で囲い込むことになる。また，提携型のロイヤルティ・プログラムの場合には，提携企業全体で顧客を囲い込むこととなり，次回購買時に顧客がその企業に戻ってくるとは限らない。

が長い商品の場合には，そのロイヤルティ・プログラムは顧客にとって魅力的に映らない可能性が高い。稼働率の低い使用されにくいプログラムでは，顧客の誘因を通じて売上向上を図るという目的は達成されないことになる。

単一企業型のロイヤルティ・プログラムは，そのほとんどが企業内の一部門において運営されている。結果として，その運営主体はコスト・センターであることが多い。

(2) 提携型のロイヤルティ・プログラム

第2の分類は，企業グループを超えた提携型のロイヤルティ・プログラムである。CCCマーケティング株式会社が展開するTポイントカードがその典型的な例である。同社は資本関係のないさまざまな業種の企業と提携し，提携した企業における商品・サービスの購入に対して特典の付与を行い，特典の利用を認めている。

提携型のロイヤルティ・プログラムは企業グループを超えて顧客を囲い込むため，グループ・シナジーの創出は期待できない。しかし，グループの枠を超えた多数の企業との連携が可能であり，顧客にとっての利便性は後述の企業グループ型のロイヤルティ・プログラムよりも高いことが多い。さらに，多くの提携企業型のロイヤルティ・プログラムの運営企業は企業グループを横断した会員の購買情報を分析しており，プログラムの加入企業の業績向上に貢献する企画提案業務に進出している。

ロイヤルティ・プログラムは顧客にとって魅力的でなければ，その特典を獲得しようという誘因が顧客側に発生しない。提携型のロイヤルティ・プログラムは，業態や企業グループを超えてロイヤルティ・プログラムを共有することによって，その特典を獲得することへの誘因を喚起している[5]。

---

5 Tポイントは2013年7月にYahoo!ポイントと統合し，ポイントの利用者にとっての利便性が大きく向上した（Yahoo!ポイントがTポイントに切り替わる形での統合）。これに対抗するかたちで，ロイヤリティマーケティング社が運営するPontaとリクルートポイントとが2015年11月に統合された。これらの一連の流れは，提携型ポイントカードの利便性を増すことでその魅力を向上させようとする試みと理解できる。

第11章　企業グループ・マネジメントにおけるロイヤルティ・プログラムの役割と顧客基盤の構築 **179**

　提携型のロイヤルティ・プログラムの運営主体は，加盟している企業からその基盤の利用料，情報の提供料を徴収することで運営されている。したがって，その多くはプロフィット・センターとして独立した企業として運営されている。

(3)　企業グループ型のロイヤルティ・プログラム

　第3の分類は，企業グループ型のロイヤルティ・プログラムである。このタイプのロイヤルティ・プログラムは，企業グループ・マネジメントの一環として，個別企業型のロイヤルティ・プログラムを企業グループ全体で統一したものである。典型的な例としては，大手電鉄系の企業が発行しているポイントカードがある。

　企業グループ型のロイヤルティ・プログラムの運営主体は，企業グループの形態，および企業グループ内のロイヤルティ・プログラムの位置づけによって変化する。ロイヤルティ・プログラムを事業として運営し，利益を生むことを志向している場合には，運営主体はプロフィット・センターとして子会社化されることが多い。これに対して，ロイヤルティ・プログラムを事業として考えず，グループ企業へのインフラ提供と位置づけている場合には，親会社の一部門としてコスト・センターとして運営される場合が多い。また，企業グループの親会社は，純粋持株会社であるケースと事業持株会社であるケースに分類される。したがって，企業グループ型のロイヤルティ・プログラムは，以下の4種類の形態が考えられる。タイプAとタイプBはコスト・センターであり，タイプCとタイプDはプロフィット・センターとなる。

> **タイプA**　事業持株会社の一部門においてロイヤルティ・プログラムを運営するタイプ
>
> **タイプB**　純粋持株会社の一部門においてロイヤルティ・プログラムを運営するタイプ
>
> **タイプC**　事業持株会社の子会社としてロイヤルティ・プログラムを運営するタイプ
>
> **タイプD**　純粋持株会社の子会社としてロイヤルティ・プログラムを運営するタイプ

企業グループ型のロイヤルティ・プログラムは，ポイント等の特典を利用でき
きる範囲をグループ企業に拡大している。AからDのすべてのタイプに共通す
る企業グループ型のロイヤルティ・プログラムの長所は，顧客にとっての利便
性が単一企業型のロイヤルティ・プログラムよりも高いこと，グループ企業間
の相互送客を通じて企業グループ・マネジメントに貢献することである。顧客
は獲得した特典をグループ内の他企業の商品を購入する際にも使用することが
可能である。この点は，特典の魅力を向上させている。また，顧客がグループ
内の他の企業で特典を用いて商品・サービスを購入したとしてもグループ企業
全体からみると顧客は流出しておらず，むしろグループ企業内での購買を促し
ている。結果として，企業グループ型のロイヤルティ・プログラムはグループ
企業間の相互送客，共通の顧客基盤の囲い込み，顧客の嗜好の多面的な把握に
よる品揃えの充実や販促などに有効であり，グループ・シナジーの創出が期待
され，企業グループ・マネジメントにも貢献する。

　企業グループ型のロイヤルティ・プログラムの短所は，提携型のロイヤル
ティ・プログラムと比較すると顧客にとっての魅力度が低いこと，単一企業型
のロイヤルティ・プログラムと比較するとその効果測定が困難であることであ
る。提携型のプログラムと比較すると，その特典を利用できる企業数，店舗数
が限定されてしまうため，当該企業グループで商品・サービスを購入する誘因
が働きにくい。また，企業グループ内には複数の業態が含まれるため，業態別
の評価と企業グループ全体の評価との両方が必要となり，その効果測定および
評価が複雑かつ困難となる。

　企業グループ型のロイヤルティ・プログラムと提携型のロイヤルティ・プロ
グラムは，複数の企業にまたがるしくみであること，業態を超えて特典を供与
することでロイヤルティ・プログラムの魅力を向上させようと試みている点に
おいて共通している。両者の最大の違いは，企業グループ型のロイヤルティ・
プログラムが，第Ⅳ節で述べるグループ・シナジーの創出を目的としている点
にある。

　本章における検討の対象は，企業グループ型のロイヤルティ・プログラムで
ある。本節における3種類のロイヤルティ・プログラムの比較の結果をまとめ
ると，**図表11-2**のとおりである。

第11章　企業グループ・マネジメントにおけるロイヤルティ・プログラムの役割と顧客基盤の構築　181

図表11-2　3種類のロイヤルティ・プログラムの比較

項目	単一企業型	提携型	企業グループ型
具体例	各社ポイントカード	Tポイント，Ponta，楽天ポイントなど	電鉄グループ（TOKYUポイント，小田急ポイントなど），大手小売りグループ（WAON，nanacoなど）
主たる目的	既存顧客の繋ぎ止め購買頻度の向上	提携企業による顧客の囲い込みおよび顧客誘導顧客の購買行動の多面的分析を通じた販売力の向上	グループ全体での顧客囲い込み相互送客による購買頻度の向上
効果測定の容易さ	比較的容易	自社のみであれば比較的容易（購買情報の入手は限定的なので，総合的な判断は困難）	グループ全体の総合的な評価と個別の事業の評価の両方が必要であり，このうち総合的な評価は困難
ポイントの利便性	低い	高い	中程度
運営主体の責任中心点	コスト・センター	プロフィット・センター	コスト・センターまたはプロフィット・センター（グループ内の位置づけによって異なる）

（出所：筆者作成）

Ⅲ　ロイヤルティ・プログラムの効果に関する先行文献

　本節では，ロイヤルティ・プログラムがもたらす効果についてどのような点が明らかになっているのかについて，先行研究に基づいて検討する。ロイヤルティ・プログラムの効果の検証については，さまざまな文献が存在する。たとえば，Meyer-Waarden and Benavent（2007）は，ロイヤルティ・プログラムは定常的な市場においてはリピート購買に貢献すること，ロイヤルティ・プログラムが既存顧客のリピート購買には貢献するが，新規顧客の獲得にはほとんど貢献しないことを明らかにしている。また，Lewis（2004）はロイヤルティ・プログラム[6]が取引期間の長期化に正の影響を及ぼすことを明らかにした。

6　当該文献内ではリワード・プログラム（reward program）と表記されている。

Leenheer *et al.* (2007) はロイヤルティ・プログラムがウォレット・シェア[7]の向上に対して正の影響を及ぼすことを示している。以上のように，既存の効果測定に関する文献の多くはマーケティング分野で行われてきた。

日本におけるロイヤルティ・プログラムの企業業績に対する貢献を検討したものとして，青木・佐々木（2011）は日本の上場・非上場の小売業に対する質問票調査を行い，ポイントの付与，商品の値引きが，顧客生涯価値（Customer Lifetime Value：CLV）の構成要素である取引期間の長期化，顧客の購入金額の増加にどのような場合に影響を及ぼすのかを調査した。その結果，プロモーションの制度が魅力的であること，来店頻度を向上させるようなプロモーションを行うこと，そして特定商品の販売促進に役立つようなプロモーションであることは，概ね，顧客生涯価値の構成要素の向上に正の影響を及ぼすことを明らかにした。また，ポイント制度と値引きとを併用して柔軟なプロモーションを行うことが，顧客生涯価値の構成要素に正の影響を及ぼすことを明らかにした。

しかし，このようなセールス・プロモーションが無条件で顧客生涯価値を向上させているわけではない。青木・佐々木（2011）によると，特定商品の販売促進に役立つポイント制度を導入することは，顧客の取引年数の長期化には負の影響を及ぼすという。この結果は，ポイント制度の運用によっては，いわゆるチェリーピッカー[8]を誘引することを示している。同様の結果は，Lal and Bell（2003）でも報告されている。また，青木・佐々木（2011）によると，企業によるリピート顧客の特性の違いは，一部を除き，顧客生涯価値の向上に対して正の影響を及ぼしていない。

以上のように，ロイヤルティ・プログラムの効果については，一定数の研究

7　ウォレットシェアとは顧客シェアともよばれ，「ある顧客の一定期間での買上金額に占める自店での買上金額」を意味する（町田・大竹，2003，p.37）。ウォレットシェアを直接測定することは困難であるが，ウォレットシェアの拡大は顧客当たり購入点数の増加，取引頻度の向上といった尺度によって間接的に把握され，最終的には顧客生涯価値やグループ連結利益を向上させることが期待されている。

8　チェリーピッカーとは，その店舗が集客のために魅力的な値付けをしている商品のみを購入する顧客を指す。一般的には，店舗側から見ると好ましくない顧客という文脈で用いられることが多い。

第11章　企業グループ・マネジメントにおけるロイヤルティ・プログラムの役割と顧客基盤の構築　▌183

が蓄積されている。しかし，これらの先行研究は，単一企業型のロイヤルティ・プログラムの効果を検証したものであるか，もしくはさまざまな種類のロイヤルティ・プログラムを一律的に取り扱っているため，本章の対象である企業グループ型のロイヤルティ・プログラムのみを検討対象としたときに，同様の結果が得られるかは明らかでない。また，ほとんどの研究が単一企業型のロイヤルティ・プログラムを想定しているため，次に述べるグループ・シナジーの創出への貢献は，先行研究では明らかにされていないという問題がある。

Ⅳ　企業グループ型のロイヤルティ・プログラムによるグループ・シナジーの創出

　本節では，企業グループ型のロイヤルティ・プログラムがグループ・シナジーの創出とどのような関係を有しているのかを考察する。企業グループ型のロイヤルティ・プログラムは，多角化された企業グループにおいて導入されている。Anzoff（1965）の定義に従えば，多角化とは新規の使命をもって新規の製品を市場に投入することである。多角化には関連多角化と非関連多角化があるが，一般には，関連多角化の方が非関連多角化よりも収益性が高いとされる（Rumelt,1974; Hofer and Shendel, 1978ほか）[9]。なぜなら，関連多角化の方がシナジー効果を生み出しやすいからである。

　シナジー効果は，複数の事業が事業活動を共有して運営される場合に生み出される価値が，同じ事業部門が独立して運営される場合に生み出される価値を上回ったときに生まれる（Hitt *et al.*, 2014, p.275）。Ansoff（1965）はROIの構成要素から，シナジーを「販売シナジー」，「生産シナジー」，「投資シナジー」，「経営シナジー」に分類した[10]。ただし，すべてのシナジーがすべての業種に対して等しく発生するわけではない。Mahajan and Wind（1988）は，PIMS

9　ただし，吉原他（1981）は，短期的には関連多角化の方が収益性は高いが，長期的には非関連多角化により新規事業を創出し，成長性を追求する必要があると指摘している。吉原他（1981）はこれを収益性と成長性のトレードオフ仮説とよんでおり，非関連多角化は企業の成長のためには避けて通れないと述べている。

(Profit Impact of Market Strategy) のデータを用いて，Ansoff（1965）において分類されたシナジーのうち，どのような種類のシナジーが事業単位のROIの向上に貢献しているかを検証している。彼らの研究により，以下の2点が明らかになっている。第1に，平均すると，4種類のシナジーのうち経営シナジーがすべての業種において最も大きな正の影響を及ぼしている。第2に，非耐久消費財に限れば，事業単位間の顧客共有という販売シナジーは，非常に強い正の影響を及ぼしている。本章の検討対象である企業グループ型のロイヤルティ・プログラムは，事業単位間の顧客共有を促すしくみである。Mahajanらの研究結果に従えば，ロイヤルティ・プログラムが非耐久消費財を提供するBtoCの企業グループに導入され，顧客の相互送客を通じて販売シナジーの創出を実現することに貢献するならば，企業の業績向上に貢献する可能性が高いといえる。

　また，松崎（2013）はグループ・シナジーを，(1)リソースやコストを対象とする「グループ・コストダウン」，(2)コーポレート・ブランドを対象とする「グループ・ブランディング」，(3)知識，ノウハウを対象とする「ナレッジ・マネジメント」に分類している[11]。

　グループ・コストダウンとは，グループ各社が物流，エネルギー，通信費，保険，人材派遣，購買などを共通して行い，経営資源の多重利用や間接費の削減を実現するものである（松崎, 2013, pp.28-29）。典型的なグループ・コストダウンにはシェアードサービスが含まれるが，松崎（2013）によると，グループ・ポイントカードもグループ・コストダウンの例であるという。これまで業

10　Ansoff（1965）によれば，販売シナジーとは，顧客を事業間で共有することによる売上の向上，チャネルや物流の共通化によるコスト低減によって生じるシナジーである。生産シナジーとは，設備や従業員の生産性の向上によって生じるシナジーである。投資シナジーとは，工場，機械，研究開発などの投資を共通利用することから生じるシナジーである。経営シナジーとは，ある部門で成功した経営手法を別の部門に適用することから生じるシナジーであり，新事業を行う際に生じる戦略的課題，その事業の運営に伴う管理上の問題が，過去のものと似ている場合に発揮される。

11　すべてのシナジーが，このように静的かつ事前合理的に創出されるわけではない。たとえば，伊丹（1984）は「現在の戦略から生み出される見えざる資産を将来の戦略が使う効果（p.247）」としてダイナミック・シナジーという概念を提示し，このダイナミック・シナジーを達成するために多角化が志向されるべきであると主張している。しかし，吉原（1986）によれば，事前にダイナミック・シナジーを見通すことは困難であり，主として事後的に達成されるという。

態別に分散的に運営されてきたロイヤルティ・プログラムを集約することで，コスト削減が期待できるからである。このように，企業グループ型のロイヤルティ・プログラムは，グループ・コストダウンを通じて，グループ・シナジーの創出に貢献すると期待できる。

グループ・ブランディングとは，ブランド拡張の考え方に基づく概念である。すなわち，ある成功したブランドをその他のカテゴリーまで拡張して多重利用することである（松崎，2013，p.29）。グループ企業の場合，知名度の高い親会社のブランドを子会社が活用することにより，激しい競争において優位性を獲得できる。このグループ・ブランディングは，一方では広告宣伝費等の節約からもたらされるコスト面のシナジー（費用節約効果）から，他方では親会社の強力なブランドを活用した相互送客による売上の向上（売上伸長効果）からもたらされる。Mahajan and Wind（1988）の研究からも明らかなように，相互送客による顧客の共通化は，業績向上に大きく貢献するシナジーである。企業グループ型のロイヤルティ・プログラムの多くは，知名度の高い親会社の名称を冠しており，グループ企業で利用可能な特典の付与を通じて，グループ企業間の相互送客，顧客の共通化，結果として優良な顧客基盤の構築に貢献する。このように，企業グループ型のロイヤルティ・プログラムは，グループ・ブランディングによるグループ・シナジーの創出に対しても貢献する。

ナレッジ・マネジメントも，グループ・シナジーの１つの要素である。企業グループのナレッジ・マネジメントにおいては，複数の事業領域の情報の組み合わせから新たな情報を生み出すことを通じて，グループ・シナジーの創出を図る。企業グループ型のロイヤルティ・プログラムを導入しても，それだけでナレッジ・マネジメントが促進されるわけではない。ロイヤルティ・プログラムを企業グループで導入し，複数の業態における顧客の購買情報が提供されることが必要となる。このように，グループ企業型のロイヤルティ・プログラムはナレッジ・マネジメントを実施するために必要不可欠な基盤であるといえるし，その情報の質はグループ・シナジーの創出に大きな影響を及ぼすと考えられる。以上をまとめると，**図表11-3**のとおりである。

図表11-3 企業グループ型ロイヤルティ・プログラムのグループ・シナジーへの貢献

グループ・シナジーの分類	企業グループ型のロイヤルティ・プログラムが果たす役割
グループ・コストダウン	複数のポイント・カードの集約によるコスト削減
グループ・ブランディング	相互送客による顧客の共通化，ブランド拡張
ナレッジ・マネジメント	複数の事業領域を横断する顧客の購買情報の提供

（出所：筆者作成）

Ⅴ おわりに

　本章では，企業グループ型のロイヤルティ・プログラムを取り上げ，その意義，そして企業グループ・マネジメントへの貢献について検討した。企業グループ型のロイヤルティ・プログラムは，単一企業型のロイヤルティ・プログラムで期待されている顧客の維持，購入頻度の向上に加えて，グループ・シナジーの創出に貢献するという点に大きな特徴があった。グループ・シナジーは，グループ・コストダウン，グループ・ブランディング，ナレッジ・マネジメントから構成されるが，企業グループ型のロイヤルティ・プログラムはそのいずれとも深い関係を有している。すなわち，企業グループ型のロイヤルティ・プログラムは，成功裏に運営すれば，さまざまな側面からグループ・シナジーの創出に貢献すると期待される。

　第12章では，企業グループ型のロイヤルティ・プログラムを導入している典型的な業界として電鉄業界を取り上げ，その運用およびグループ・シナジーの創出に向けた課題を明らかにする。

● 参考文献

Ansoff,I. 1965. *Corporate Strategy*. McGraw-Hill.（広田寿亮訳. 1969. 『企業戦略論』産業能率大学短期大学出版部）

Hitt,M.A., R.D.Ireland and R.E.Hoskisson. 2014. *Strategic Management: Concepts: Competitiveness and Globalization, 11th Edition*. Cengage Learning,K.K.（久原正治・横山

寛美監訳. 2015.『経営戦略論─競争力とグローバリゼーション─〈改訂新版〉』同友館）

Lal, R. and D.E.Bell. 2003. The Impact of Frequent Shopper Programs in Grocery Retailing. *Quantitative Marketing and Economics*. 1：179-202.

Leenheer, J., H. J. van Heerde, T. H. A. Bijmolt, and A. Smidts. 2007. Do Loyalty Programs Really Enhance Behavioral Loyalty? An Empirical Analysis Accounting for Self-selecting Members. *International Journal of Research in Marketing* 24：31-47.

Lewis,M. 2004. The Influence of Loyalty Programs and Short–term Promotions on Customer Retention. *Journal of Marketing Research*, 41：281-292.

Mahajan,V. and Y.Wind. 1988. Business Synergy Does not Always Pay off. *Long Range Planning*. 21：59-65.

Meyer-Waarden, L. 2007. The effects of loyalty programs on customer lifetime duration and share of wallet. *Journal of Retailing*. 83：223-236.

青木章通・佐々木郁子. 2011.「小売業におけるプロモーション手法の検討─ポイント制度と値引き販売に関する実証研究─」『メルコ管理会計研究』4(2)：3-16.

伊丹敬之. 1984.『経営戦略の論理（第2版）』日本経済新聞社.

上田隆穂・守口剛編. 2004.『価格・プロモーション戦略』有斐閣アルマ.

海保英孝. 2010.「ポイント・プログラムをめぐる経営の諸問題について」『成城・経済研究』187：119-148.

企業ポイント研究会. 2007.『企業ポイントのさらなる発展と活用に向けて』経済産業省商務流通グループ編.

町田守弘・大竹佳憲. 2003.『実践ロイヤルカスタマー経営─顧客経営で小売業の再生をめざす─』. コンピュータ・エージ社.

松崎和久. 2013.『グループ経営論─その有効性とシナジーに向けて─』同文舘出版.

吉原英樹. 1986.『戦略的企業革新』東洋経済新報社.

吉原英樹・佐久間昭光・伊丹敬之・加護野忠男. 1981.『日本企業の多角化戦略』日本経済新聞社.

（青木章通）

第12章

電鉄企業における
ロイヤルティ・プログラムによる
グループ・シナジーの創出

Ⅰ　はじめに

　本章では，電鉄企業グループにおけるロイヤルティ・プログラムの導入の意図とグループ・シナジー創出のための課題について検討する。企業グループ型のロイヤルティ・プログラム[1]は多様な業態で導入されているため，その導入目的や運用方針も業界独自の慣行や業界を取り巻く事業環境の影響を色濃く反映している。本章では電鉄業界に絞って検討を行うことにより，ロイヤルティ・プログラム自体の課題を明らかにしようと試みる。

　私鉄経営の特徴は中核事業である鉄道事業と不動産や小売りなどの沿線開発事業とを一体的に進め，沿線の付加価値を高めて総合都市型産業を形成している点にあるとされる（水谷, 2008, p.35）。また，多くの電鉄企業が百貨店，食品スーパー，不動産，ホテルなどの系列企業を有していることからわかるように，電鉄企業は多角化された企業グループを形成している。そして，企業グループの中核企業である電鉄企業は，純粋持株会社の主要な子会社もしくは事業持株会社としてさまざまな業態の子会社を運営している。

　電鉄企業の企業グループ・マネジメントにおいて，グループ・シナジーを創出することは大きな課題である。企業グループの中核企業である電鉄会社を毎

　1　第11章では，ロイヤルティ・プログラムを(1)単一企業型，(2)提携型，(3)企業グループ型の３種類に分類している。それぞれの詳細は，図表11-2を参照のこと。

日利用する顧客をメインターゲットとしてロイヤルティ・プログラムの加入を促し，沿線開発のためにグループで運営している商業施設などの業態への送客を促し，企業グループ全体で，強固で収益性の高い顧客基盤を構築することが狙いとされている。このような電鉄企業のビジネス・モデルを前提とした場合，企業グループのロイヤルティ・プログラムにはどのような課題があり，その課題に対して電鉄企業グループはどのように対処しているのだろうか。

本章の流れは次のとおりである。第Ⅱ節では，筆者が2015年に実施した質問票調査の結果を検討し，電鉄企業におけるロイヤルティ・プログラムの概要を示し，その課題を明らかにする。第Ⅲ節では，質問票調査の回答企業への訪問調査の結果に基づき，電鉄企業グループがその課題に対してどのように対処しているのかを明らかにする。第Ⅳ節では本章の内容をまとめる。

Ⅱ 質問票調査に基づく電鉄企業のロイヤルティ・プログラムの検討

1 調査の概要

本調査は企業グループ型のロイヤルティ・プログラムを導入している典型的な業種として電鉄企業を取り上げ，その効果や目的，シナジー効果の測定方法について質問票による調査を実施したものである。調査の実施時期は2015年7月であった。質問票の送付対象は大手私鉄15社[2]，大手私鉄以外の私鉄のうち企業グループ型のロイヤルティ・プログラムを導入している3社の合計18社である。このうち，大手私鉄7社，その他の私鉄2社の合計9社から回答を得た（回収率50.0%）。母集団の数が多くないため回答企業数は少ないが，回収率は高いため，ある程度の傾向は把握できている。なお，企業グループ型のロイヤルティ・プログラムを本質問票調査においてはグループ・ポイントカードと表記

---

2 大手私鉄の範囲は，国土交通省鉄道局が監修する鉄道要覧に基づく。なお，同要覧において大手私鉄として記載されている企業は16社あるが，このうち阪急電鉄と阪神電気鉄道は経営統合しているので1社とカウントし，15社とした。

第12章 電鉄企業におけるロイヤルティ・プログラムによるグループ・シナジーの創出 ▌ *191*

したため，本節でもグループ・ポイントカードと表記する。

　質問の内容は，グループ・ポイントカードにおいて意図している効果，グループ・ポイントカードの評価尺度，グループ・ポイントカードの運営方針，グループ・ポイントカードによるグループ全体へのシナジー効果の測定の４つである。最初の３つの質問項目については，５点リッカート・スケールで回答を依頼している。質問票の送付先は，グループ・ポイントカードの運営会社（子会社）が存在する場合には当該運営会社の代表取締役，持株会社（事業持株会社および純粋持株会社）の一部門でグループ・ポイントカードを運営している場合にはその担当部署長とした。

2　グループ・ポイントカードにおいて意図している効果

　グループ・ポイントカードを導入する場合，電鉄企業ではどのような効果が意図されているであろうか。10項目の目的について５点リッカート・スケールで質問を実施した（「１」は全く意図していない，「５」は強く意図している）。結果は，**図表12-1**のとおりである。

　この結果により，グループ・ポイントカードは単一の意図ではなく，複数の意図で実施されていることが明らかになった。なかでも，既存顧客の来店頻度の増加と，グループ内他事業への顧客の誘導が強く意図されている。これらは両方とも買い回り（複数事業や複数店舗の利用）に関連する項目であり，既存顧客を囲い込み，グループ内のさまざまな業態の企業で売上を増加させることを意図している。電鉄企業においては，多くのロイヤルティ・プログラムにおいて期待されている既存顧客の来店頻度の増加という意図に加えて，顧客の共通化およびその来店頻度の増加が期待されていることが明らかになった[3]。一方，「ポイント事業の集約による販促費用の削減」は3.2点にとどまっており，コスト面のシナジー効果であるグループ・コストダウンの平均値は低かった。電鉄

3　筆者らが2015年に小売業に対して行ったロイヤルティ・プログラムに関する調査結果（佐々木・青木，2016）によると，小売業のロイヤルティ・プログラムが意図している効果として最も平均値が高かったのは来店頻度の増加，次が顧客離反防止，取引の長期化であった。これに対して，グループ内他事業への誘導は平均値が低く，それほど強くは意図されていないことがわかった。

図表12-1	グループ・ポイントカードにおいて意図している効果

	平均値	標準偏差
既存のお客様の来店頻度の増加	4.7	0.5
グループ内他事業への顧客の誘導	4.6	0.7
新しいお客様の獲得	4.3	0.9
顧客情報の収集	4.3	0.7
顧客離反の防止	4.2	1.0
会員への情報提供	4.2	1.0
取引の長期化	4.1	0.6
他社との対等な競争条件の維持	3.6	0.7
特定商品の販売促進	3.4	0.5
ポイント事業の集約による販促費用の削減	3.2	1.2

（出所：筆者作成）

図表12-2	グループ・ポイントカードの評価尺度

	平均値	標準偏差
ポイントカード会員による購買回数の増加	4.8	0.4
ポイントカードを利用した売上高の増加	4.8	0.4
ポイントカード会員数の増加	4.4	0.7
ポイントカード利用客の客単価の向上	4.3	0.7
ポイントカード会員による利用企業数の増加	3.9	1.1
ポイントカード利用客の商品購買点数の増加	3.7	1.0
ポイントカードの特典の利用頻度	3.6	0.7
会員企業数の増加	2.9	1.3

（出所：筆者作成）

企業においては，売上の増加から生じるグループ・シナジーの創出が強く意図されていることが特徴的である。

3　グループ・ポイントカードの評価尺度

グループ・ポイントカードの評価尺度について，8項目の目的について5点リッカート・スケールで質問を実施した（「1」は全く重視しない，「5」は非常に重視する）。結果は，**図表12-2**のとおりである。

前の質問において，来店頻度の増加およびグループ内他事業への顧客の誘導という売上の増加に関連する効果が重視されていたため，評価尺度においても

第12章　電鉄企業におけるロイヤルティ・プログラムによるグループ・シナジーの創出 ▌ *193*

購買回数の増加，グループ・ポイントカードを利用した売上高の増加が重視されている。商品の購買点数の増加（追加購買を促すこと）よりも購買回数の増加の方が重視されているが，この点は同一店舗もしくはグループ内他店舗への来店回数の増加を促すという上記の意図と関係していると思われる。新規顧客の獲得も重視されてはいるが，既存顧客をより収益性の高い顧客基盤とすることの方がより重視されているようである。

4　グループ・ポイントカードの運営方針

次に，グループ・ポイントカードの運営方針について，8項目について5点リッカート・スケールで質問を実施した（「1」は全くそのとおりではない，「5」は全くそのとおり）。結果は，**図表12-3**のとおりである。

グループ・ポイントカードは，企業グループの経営理念に沿った形で運営される傾向が強い。このことは，グループ・ポイントカードが単なる販促のツールではなく，企業グループ・マネジメントの重要な手段であることを示唆している。

電鉄企業の多くは，グループ・ポイントカードの運用を通じて，個別企業の売上の増加よりもグループ全体の売上の増加を意図しており，グループ・シナジーの創出を意図していることがわかる。しかし，顧客の囲い込みに成功しているかという問いに対しては平均的な回答（3.6点）にとどまっており，必ずしも満足できる結果を得ているわけではない。電鉄企業においては，グループ・ポイントカードによる顧客の共通化，強固な顧客基盤の確立は今後の課題であると言えそうである。グループ・ポイントカードは長期，短期いずれの利益に対しても貢献すると考えられているが，比較すると長期的な利益に対して貢献すると考えられているようである。

ポイントカードの運営に関してグループ企業間の利害関係が一致せずに困ることがあるかという問いに対しては，回答はほぼ平均値であった。ただし，標準偏差が大きいことからもわかるとおり，回答には幅があった。回答企業の半数にあたる4社が「4」または「5」と回答しており，回答は二極化していた。

	平均値	標準偏差
図表12-3 グループ・ポイントカードの運営方針		
カードの運営方針は，グループ全体の経営理念を強く反映している	4.3	0.7
グループ内の個別企業の売上増大よりも，グループ全体の売上増加を強く意識している	3.9	0.8
グループ・ポイントカードは，企業グループの顧客の満足度向上に貢献している	3.8	0.7
グループ・ポイントカードは，企業グループの長期的な利益の増大に貢献している	3.8	1.1
ポイントプログラムの重要性は，グループ各社に理解してもらっている	3.7	0.7
グループ・ポイントカードは，企業グループによる顧客の囲い込みに成功している	3.6	1.1
グループ・ポイントカードは，企業グループの短期的な利益の増大に貢献している	3.1	1.4
グループ企業間の利害関係が一致せずに困ることがある	3.0	1.7

（出所：筆者作成）

5 グループ・シナジーの測定

　グループ・ポイントカードによるシナジー効果を測定しているか否かについて質問した。結果は，明確に測定しているという企業が2社（22.2%），直接測定することは難しいが，何らかの尺度を用いて測定しているという企業が5社（55.6%），測定したいが測定は困難であるので測定していないという企業が1社（11.1%），測定できていないという企業が1社（11.1%）であった。7割以上の電鉄企業が何らかの方法でシナジー効果を測定していた。測定方法は，各社によりさまざまである。

　明確に測定していると回答した企業は，グループ企業内の2つの会社間のシナジーを測定していた。たとえば，各種キャンペーンを実施する場合には買い回り客数，キャンペーン実施後の定着顧客数を測定する企業がある。また，上位顧客層へグループ各社のインセンティブクーポンを配布して買回りを促進する試みを定期的に行う場合には，上位顧客のランクアップ数とランクダウン数，

第12章 電鉄企業におけるロイヤルティ・プログラムによるグループ・シナジーの創出 ▌ *195*

一定以上の売上達成人数，拠点ごとのクーポン利用数などの尺度を総合的に判断し，シナジーが生み出されているかどうかを判断している。

　別の尺度を用いて測定していると回答した企業は，会員による売上高やシェア，継続利用率，新規成長率などの複数の非財務尺度を測定しているケースが多い。これらの尺度はシナジーには直接関係していないが，シナジーを間接的に測定していると回答企業は判断しているようである。

Ⅲ 企業事例

　前節では，質問票調査の結果を通じて，電鉄企業における企業グループ型ロイヤルティ・プログラムの全体的な傾向を示した。第11章で述べたグループ・シナジーの３つの要因である，グループ・コストダウン，グループ・ブランディング，ナレッジ・マネジメントに関わらせて述べれば，質問票調査から以下の点が明らかになった。第１に，グループ・ブランディングによる顧客基盤の確立は，企業グループのロイヤルティ・プログラムの役割として非常に重要度が高い。ただし，顧客基盤の対象としては，新規顧客よりも既存顧客が重視されている。第２に，ナレッジ・マネジメントのための情報提供という目的も重視されてはいるが，収益性の高い顧客基盤の確立という目的と比較すると重要度は低い。第３に，グループ・コストダウンは，他の２つの目的よりも明確に重要度が低い。

　上記の３点について，なぜこのような傾向が電鉄企業においてみられるのであろうか。本節では，上記の質問票調査の回答企業のうち，訪問調査を実施した大手私鉄３社の結果を示す。

1 　A社グループのロイヤルティ・プログラム

　本項では，A社グループのロイヤルティ・プログラムについて述べる。A社グループのロイヤルティ・プログラムは，クレジットカード機能，電子マネー機能（希望者のみ）がついており，グループ企業で利用可能である。カード事業の運営は，事業持株会社である電鉄企業（A社）の子会社が行っている。

■訪問調査の状況

日程	インタビューイー	インタビューワー	場所・時間
2014年 6月25日	1．A社カード事業部マーケティング担当 2．カード子会社課長	青木章通	A社本社 1時間30分

(1)　A社グループのロイヤルティ・プログラム

　A社グループは大手私鉄を中心とする企業グループであり，電鉄事業を営む事業持株会社を中心に幅広く事業を展開している。電鉄事業とその他のコア事業との相互連携を図るにあたり，電鉄事業の顧客を主たる対象としたロイヤルティ・プログラムは重要な役割を果たすことを期待されている。

　A社グループのロイヤルティ・プログラムは，過去にA社グループ内企業で個別に実施されていたロイヤルティ・プログラムを企業グループで統合して誕生したものである。現在では，同カードは交通機関，グループ内の百貨店などの小売店，グループ内のホテルなどの宿泊施設で利用可能である。また，グループ外の提携企業における購買でもポイントが付与されることがあり，利用者の利便性を向上させることに役立っている。グループで共通のロイヤルティ・プログラムを導入した目的は，顧客に関する情報の一元化，複数施設間の相互送客によるグループ・シナジーの創出，顧客への特典であるポイントの共通化による利便性の向上などであった。

(2)　ロイヤルティ・プログラムの運営

　カード事業は，電鉄企業の子会社が運営している。A社グループのカード事業の重点項目としては，メインカード化の促進とポイント自体の利便性の向上とをあげることができる。

　第1に，メインカード化の推進について考察する。メインカードとは消費者がメインで利用するカードを指す。現代では多くの個人が複数のカードを保有しているため，魅力のないカードは利用されずに休眠カードになってしまう。したがって，カードの発行枚数を増加させることは重要であるが，それだけでは不十分である。メインカード化することで，はじめてA社グループのポイントを貯めるという誘因が顧客側に生じると考えている。

第12章　電鉄企業におけるロイヤルティ・プログラムによるグループ・シナジーの創出　▍　*197*

　メインカード化の推進については，電子マネー機能がカードに付加されたことが大きな影響を及ぼしたという。電子マネーは，交通機関の利用や日常の少額の買い物の際に頻繁に使用される。オートチャージ機能を利用すると，残額が不足したときに金額が自動的に補充されるが，その際に一定のポイントがカードの加入者に付与される。オートチャージを繰り返すことによって無意識のうちにA社グループのポイントを貯めることとなり，それが顧客がメインに使用するロイヤルティ・プログラムの選択に小さくない影響を及ぼしている。

　第2に，A社グループは付与するポイントそのものの価値を高める施策を実施してきた。顧客にとって利便性の高いポイントであることが，グループで導入するロイヤルティ・プログラムの目的を達成するために重要であると考えている。グループ内の複数業種による共通ポイントの設定，他社との提携，電子マネー機能の追加，グループ内他事業とのポイントとの統合などを実施した。提携型のロイヤルティ・プログラムと比較すると利便性では不利なので，メンバーシップの特典などを付与することでカードの価値を向上させている。

(3)　ロイヤルティ・プログラムの業績評価

　カード事業の運営は電鉄企業の子会社で行っており，カード自体の業績評価は複雑にはしていない。カード事業の売上は，会員数，稼働率（会員数に占めるアクティブな会員の比率），1件あたり利用額，取引件数という構成要素の積であると考えられるので，当該構成要素に該当する尺度を注視している。

　グループ各社ではロイヤルティ・プログラムの効果について多元的な評価を行いつつも，事業運営を行うカード会社では，売上の要因を定式化して明確な評価を行っている。ロイヤルティ・プログラムを導入しているグループ企業各社は，業態ごとに異なる尺度を用いて各社で評価を行っている。

(4)　ロイヤルティ・プログラムの今後の課題

　A社グループのロイヤルティ・プログラムの今後の課題については，以下の3点があると考えている。第1に，グループ内企業のさらなる意識の統一が必要である。ロイヤルティ・プログラムをグループで運営する大きな目的は，グループ内の複数事業間の相互送客にある。しかし，ある店舗で獲得した特典を，

別の店舗もしくはグループ内他企業で使用されることに対して，違和感を感じる経営管理者もいないわけではない。なぜなら，同一店舗における再購買が促進されないからである。グループ内の他の店舗，他の企業で特典を使用しても，顧客をグループで囲い込めているのでグループ全体としては問題がないのだが，どうしても部分最適と全体最適評価の問題が生じてしまう。部分最適を追求することがグループ・シナジーの創出を阻んでいる可能性がある。

第2の課題は，全会員数に占めるアクティブ会員（実際に頻繁にカードを利用している顧客）の比率を高めることである。アクティブな顧客を増やすことによって，顧客の生きたデータが手に入ると考えている。企業グループでロイヤルティ・プログラムを導入した大きな目的の1つは，顧客データの一元化およびその解析による効果的な販促の実施にある。この目的を達成するためにはアクティブ会員の比率をより高める必要がある。

第3の課題は，相互送客を促す販売促進手法の開発である。ロイヤルティ・プログラムは囲い込むための1つの手段であるが，これだけで囲い込まれるわけではない。したがって，顧客にとっての購買の動機づけになるような情報発信を行っていくことが重要である。現在，そのためのデータの抽出に力を注いでいる。ロイヤルティ・プログラム同士の競争が激しい現在にあって，もはや顧客を囲い込むだけでは不十分である。実際に購買につながるような情報発信を行わないと，アクティブな会員数は増えず，当初の意図を達成することはできないと考えている。

2 B社グループのロイヤルティ・プログラム

本項では，B社グループで導入されているロイヤルティ・プログラムについて述べる。B社グループのロイヤルティ・プログラムは，ポイント専用カード，クレジットカード機能，電子マネーのPASMOを紐づけることが可能（希望者のみ）なロイヤルティ・プログラムであり，同社グループの加盟会社で利用可能である。カード事業の運営は，グループの純粋持株会社が行っている。B社グループにおけるロイヤルティ・プログラムの位置づけ，グループ経営への貢献を明らかにするために，同グループのカード運営を担当している部署に訪問調査を実施した。

第12章 電鉄企業におけるロイヤルティ・プログラムによるグループ・シナジーの創出 ▌ *199*

■訪問調査の状況

日程	インタビューイー	インタビューワー	場所・時間
2015年 7月28日	1．経営企画部アシスタントマネジャー 2．経営企画部シニアスタッフ	青木章通	持株会社本社 1時間20分

（1） B社グループのロイヤルティ・プログラム

　B社グループは，大手私鉄を中心とする都市交通・沿線事業およびその他の
コア事業から構成されている。B社グループで導入しているロイヤルティ・プ
ログラムは，関連事業のホテルでの宿泊や，レストランでの食事，その他同グ
ループが運営する商業施設などでの商品購入，その他の加盟店が提供するサー
ビスの利用に応じてポイントが貯まる。また，会員が紐づけ登録したPASMO
を利用することで，ポイントを貯めることも可能である。貯めたポイントは，
グループの商業施設で利用できる商品引き換え券や各種サービス等に交換する
ことができる。

　B社グループにおけるロイヤルティ・プログラムの運営は，グループ企業の
純粋持株会社が行っている。各事業会社が利益を生み出すためのツールとして，
持株会社のカード部門がロイヤルティ・プログラムの基盤を提供しているとい
う位置づけである。したがって，各グループ加盟会社からはロイヤルティ・プ
ログラムというサービスの運営費は徴収していないが，ポイント管理費として
手数料を徴収している。また，ロイヤルティ・プログラムを用いた施策にかか
わるポイント費用負担などは，それを実施したグループ加盟会社が負担するこ
ととなっている。

　この基盤の提供者と利用者という位置づけの違いがあるため，利用者である
グループ加盟会社には比較的柔軟な活用が期待されている。ロイヤルティ・プ
ログラムの運営方針はB社グループの経営理念を反映しているが，グループ会
社にも各社ごとに経営方針などがあるので，その点を配慮してロイヤルティ・
プログラムについては理念の押しつけは行っていない。一部のグループ加盟会
社は，このロイヤルティ・プログラムに加えて独自の優良顧客優遇プログラム
を導入している。また，持株会社はグループ加盟会社に対して情報の分析方法
を定期的に研修しており，グループ加盟会社が独自の尺度，基準で分析を行え

るように指導している。ロイヤルティ・プログラムを活用した販売促進の施策
（ポイント付与方法の変更など）についても，最終的な決定権は持株会社が監修
しているが，グループ各社に主体性を持たせており，施策に関する数値の押し
つけは行っていない。グループカードの評価尺度としては，RFM分析[4]，
ABC分析[5]を通じた非財務尺度による顧客の評価を重視している。財務尺度も
一部用いているが，特定の施策による顧客囲い込みの効果を金額で測定すると
いった個別プロジェクトの評価が多い。

(2)　グループ・シナジーの測定

　ロイヤルティ・プログラムの成果として，グループ・シナジーは主目的とは
考えていない。もちろん買い回りも見ているが，顧客の継続や離反といった尺
度の方が優先度は高い。鉄道事業とその他のコア事業では顧客層が異なる部分
もあるので，鉄道事業とのシナジーを無理に追求するよりも，それぞれのグ
ループ加盟会社が，ロイヤルティ・プログラムを自社で活用して利益を生み出
すために支援することを優先的に考えている。

3　C社グループのロイヤルティ・プログラム

　本項では，大手私鉄のC社グループのロイヤルティ・プログラムについて述
べる。C社のポイントカードは希望者にはクレジットカード機能を付帯させる
ことができ，またクレジット機能を有するカードにはさらに電子マネーのオー
トチャージ機能も付加することができるカードであり，グループの企業および
そのほかの加盟企業において利用可能である。カード事業の運営は，グループ

　4　RFM分析とは，Recency（最新の購買日），Frequency（一定期間の購買頻度），
　　Monetary（一定期間の累積購買金額）という3種類の指標に基づいて顧客を順位づ
　　けし，類似の属性を有する顧客同士をセグメント化したうえで，それぞれのセグメン
　　トごとの性質を調査，分析し，購買の促進につなげる手法である。
　5　ABC分析は重点分析ともよばれ，要素項目の重要度や優先度を明らかにするため
　　の分析手法である。パレート図をツールとして管理対象（ポイント・プログラムの分
　　析の場合は会員）を重要性の高い順にA，B，Cといったランクに分類する。売上
　　に大きな影響力を有する優良顧客会員を発見したり，顧客をアクティブな会員とほと
　　んど動きのない会員（スリープ会員）とに分類したりするために用いられる。

第12章　電鉄企業におけるロイヤルティ・プログラムによるグループ・シナジーの創出　▋　*201*

の事業持株会社であるＣ社が行っている。

■訪問調査の状況

日程	インタビューイー	インタビューワー	場所・時間
2015年 7月30日	1．Ｃ社担当部署管理職 2．Ｃ社担当部署管理職 3．Ｃ社担当部署スタッフ	青木章通	Ｃ社本社 1時間40分

（1）　ロイヤルティ・プログラムの概要

　Ｃ社グループでは，グループ戦略を実施するためのツールとして，ロイヤルティ・プログラムを導入している。以前は，百貨店や商業施設などの一部のグループ企業が独自にハウスカードを有していたが，運営の効率化を目指して，グループでロイヤルティ・プログラムの基盤を統合して導入されることとなった。

　同カードの会員は，Ｃ社のさまざまな業種のグループ企業での商品の購入，サービスの利用を通じてポイントなどを貯めることができる。また，電子マネーを利用した電鉄の利用に応じて乗車ポイントが貯まるようになっており，アクティブ会員の増加に貢献している。貯めたポイントは，ポイントサービスの加盟店において支払いに用いることができる。また，一定のポイントを貯めると，ポイントサービスの企画商品とポイントとを交換することも可能である。

（2）　ロイヤルティ・プログラムの運営

　Ｃ社グループのロイヤルティ・プログラムは，グループの事業持株会社の担当部署を中心に運営されている。事業持株会社のカード事業の部門は，ロイヤルティ・プログラムの基盤を提供することの見返りに，ロイヤルティ・プログラムを導入しているグループ会社の多くから，一定のインフラ維持料を徴収している。ポイントの付与に応じて生じるコストは，各事業会社が負担している。クレジットカードの利用に伴うクレジットポイントも，このロイヤルティ・プログラムのポイントとして利用可能であるが，このポイント付与に伴い発生するコストは，カードの運営を担当する部署が負担している。

　ロイヤルティ・プログラムの運用の成果として重視する項目は，事業会社別の項目とカード全体として評価する項目の2種類がある。事業会社別には，各

グループ企業における新規顧客の獲得を重視している。この新規顧客の増加は，カード会員数の増加だけを意味していない。すでにカード会員となっている顧客が，これまで利用してこなかったグループ企業を定期的に利用するようになるという意味での新規顧客獲得を重視している。したがって，ロイヤルティ・プログラムを通じて獲得された潜在的な顧客を，各事業会社が発掘するという意味合いが強い。また，各グループ企業が潜在的顧客の新規獲得に成功することで，結果的にグループ・シナジーが達成されると考えている。

　ロイヤルティ・プログラム全体としては，既存顧客の維持を重視している。すべてのカード会員が，C社グループのロイヤルティ・プログラムを積極的に利用するわけではない。退会したり，利用しない会員も数多くいる。会員の稼働率を向上させるためには，小さな努力の積み上げが重要であると考えている。グループ全体の売上を向上させるために，紙媒体によるさまざまな案内を会員向けに送っている。その場合には，画一的な情報提供を行うのではなく，顧客の情報を分析し，1人1人の嗜好に合った情報提供を行うことを心掛けている。

　上位顧客の判別にも，事業会社ごとの判断とグループ全体の判断とがある。グループ各社においては，RFM分析，デシル分析[6]などを行って上位顧客の判別を行っている。以前からハウスカードを有していた事業会社では，自社で上位顧客の分析を行っているケースもある。評価尺度や基準となる数値は，事業会社の業態によって異なる。業態にかかわらず重視するポイントは，顧客の維持率，上位顧客の維持率，低利用の顧客がどの程度上位顧客へ移行したか，新規顧客の獲得である。また，C社グループ全体で上位顧客を判別するためには，年間の利用額や購買頻度を重視している。

(3)　グループ・シナジーの測定
　C社グループでは，グループ・シナジーを直接的に測定することは難しい。

6　デシル分析とは，すべての顧客を売上高や利益が高い順番に並び替えたうえで均等にグループ化し，そのグループ別の特徴を明らかにする分析手法である。典型的には，全顧客を上位10％ずつ10のグループに分類し，来店頻度が高いグループ，買い物1回当たりの販売単価が高いグループを探索するといった分析が行われる。

第12章　電鉄企業におけるロイヤルティ・プログラムによるグループ・シナジーの創出 ▎ *203*

以前は，グループ企業でロイヤルティ・プログラムを統一したことにより，どの程度の経済的効果が生じたのか，コスト面（複数のロイヤルティ・プログラムの集約によるコストの削減）を中心に説明する必要があった。しかし，現在ではすべてのグループ企業がロイヤルティ・プログラムを共通で運用することの重要性を理解しており，その運営は当然であると考えている。したがって，グループ・シナジーを測定して，グループ企業を説得する必要は感じていない。

　現在では，グループ・シナジーは間接的に評価している。売上高の総額に占める会員売上高の比率は重視している。この数値は高い方が望ましく，比率が高ければグループ売上を下支えする効果があると考えている。また，会員の顧客がどの程度継続して利用しているか，通常の顧客がどの程度優良な顧客にスイッチしたか，新規の顧客をどの程度獲得できたのかといった尺度を注視しており，これらの尺度を通じてグループ全体へのシナジー効果を総合的に判断している。

Ⅳ　おわりに

　本章は，前章（第11章）の考察に基づき，典型的なグループ企業である電鉄企業への質問票調査，訪問調査を行った結果を示したものである。訪問調査の結果をまとめるにあたり，グループ・シナジーを構成する3つの要因を明らかにしたうえで，訪問調査を通じて電鉄企業の特徴を明らかにした。

　まず，グループ・コストダウンが重視されない理由としては，企業グループ型のロイヤルティ・プログラムの導入からすでに10年程度が経過し，期待される役割も単なる販売促進のためのシステムの統合から，企業グループ・マネジメントを実行するための基盤へと変化したことがあげられる。訪問調査企業においても，ロイヤルティ・プログラムはグループ企業が利益を生み出すための基盤であるという回答がされている。当初は統合の意義を示すために費用低減効果を示す必要があったが，現在では単なる費用削減効果という役割への注目は薄れつつあると思われる。

　次に，グループ・ブランディングのための顧客の共通化，収益性の高い強固な顧客基盤の確立のために，なぜ既存顧客が重視されるのかを検討した。第1

の理由は，ロイヤルティ・プログラムの稼働率を高めることが重視されているからである。新規顧客を獲得して名目上の顧客数を増やすよりも，いかに普段から利用してくれるアクティブな会員を増加させるかが訪問調査企業において重視されていた。第2に，特定の業態における既存顧客に対して，別の業態のグループ企業における購買を促すという意味での新規顧客獲得が重視されていた。電鉄系のカードの会員の多くは沿線の住民であり，新規顧客数の拡大には一定の限界がある。そのような電鉄事業系のロイヤルティ・プログラムの特徴が，グループ・シナジーの創出において重視する要因に影響を及ぼしている可能性がある。

　企業グループ型のロイヤルティ・プログラムは，企業グループにおけるナレッジ・マネジメントを情報提供という側面から支援する。しかし，顧客情報の収集という意図は多くの電鉄会社において重視されてはいたが，グループ事業間の相互送客や顧客の維持などに比較すると弱かった。この点は，訪問調査からは明確な回答を得ることができなかったが，グループ・シナジーを創出するような顧客情報の分析は，いまだ明確な効果を生み出すことは困難であり，現状ではグループ・ブランディングの方が効果を上げているという側面があるだろう。多くの電鉄企業では，顧客情報について業態別の分析と企業全体の分析との両方を行っているが，現状では業態別の分析が重視されているようである。

　最後に，本章では調査しきれなかったが，ロイヤルティ・プログラムが持株会社で運営されているか子会社で運営されているか，持株会社が事業持株会社か純粋持株会社であるかによってグループ・シナジーへの貢献に差が生じている可能性がある。この点については，今後の課題としたい。

● 参考文献

佐々木郁子．青木章通．2016．「ロイヤリティプログラムに関する実態調査―その戦略的活用と効果―」『産業経理』75(4)：48-58.

水谷文俊．2008．「私鉄経営とビジネスシステム」『一橋ビジネスレビュー』56(1)：34-45.

（青木章通）

第13章

企業グループの価値評価

Ⅰ　はじめに

　企業価値を評価することは，多くのステークホルダーにとって大変意味深いことである。そして，個別の企業にとどまらず，たとえば連結対象となっている企業グループの価値を測定することは，さまざまな場面で多くのステークホルダーにとっても有用なことである。

　日本においても2000年3月期からの連結決算の導入により，それまでの個別企業単位での決算情報にとどまらず，企業グループとしての経営成績である決算情報の公表を余儀なくされている。しかし当然のことながら，連結財務諸表は単なる個別財務諸表の合計ではなく，また企業グループの価値に関しても，単純に個別の企業価値の総和が企業グループの価値とはならない。

　本章では，現代の企業に求められる連結経営の必要性を踏まえ，企業価値およびその評価手法について，個別企業ではなく企業グループとしての価値をどのように捉え，どのように評価すべきであるのか検討する。

Ⅱ　企業価値評価と連結経営

1　企業価値の評価

　企業の経営者は，多岐にわたるステークホルダーより提供された経営資源を，

できる限り効率的に運用することが要求される。従来，その運用成績としての経営者の業績評価指標には，売上高や利益，そして売上高利益率など，財務数値に係るものが多く用いられてきた。しかし昨今の株主価値創造の潮流では，経営者の成績を評価する際に，ステークホルダーへの意識を明確なものとし，企業価値にも焦点が当てられるようになっている。すなわち，経営者がステークホルダーより調達した経営資源をどのように活用し，その結果として，どれだけ企業価値創造を果たしたのかを明らかにすることが要求されている。このような経営資源の効率的活用やステークホルダーへの適正な利益還元という視点から，「企業価値とは資本コストを上回るキャッシュ・フローを生み出せる力」とも定義できる（池田，2005，p.8）。企業価値創造の経営を評価するうえでは，その企業価値の創造力を表す指標も必要である。企業価値創造の評価指標としては，ステークホルダーを意識し，たとえばROE（自己資本利益率）やROA（総資産利益率），そして付加価値分析などでも用いられるEVA（Economic Value Added：経済的付加価値）という業績指標がある。

このように，経営者が企業価値創造を強く要求される昨今では，企業価値に関連した業績指標も注目されている。ところで，企業価値とはいかなるものであろうか。一般的に企業価値といっても，さまざまな概念が包含されている。日本公認会計士協会（2007，2013）の「企業価値評価ガイドライン」により定義された企業価値の概念は，竹原（2007）で**図表13−1**のように説明されている。すなわち，事業によって得られる事業価値に，非事業用資産を加えたものを企業価値とし，そこから有利子負債を差し引いた価値が株主価値である。これらは「企業価値評価ガイドライン」で**図表13−2**のようにまとめられており，企業価値，株主価値，事業価値に区別されている。

企業価値評価においては，まず従来からの経営分析（財務諸表分析）に倣って，企業の収益性・成長性・安全性および生産性などの分析を行う必要があろう。その上で，その分析結果を踏まえ，企業を総合的に評価しなければならない。また近年の企業価値評価では，伝統的な財務的評価に，人間性・社会性・国際性などの定性的要因に関する非財務的評価を加えて，企業総合的に評価しようとする傾向もみられ（秋本，2001，p.240），雇用問題やCSR，国際問題など企業を取り巻く環境も大きな影響を与えると考えられる。管理会計分野におい

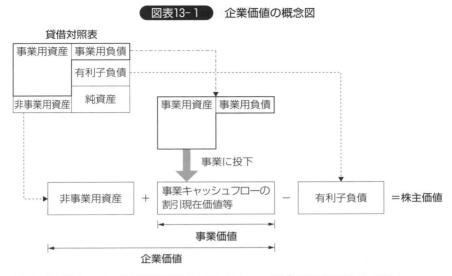

(出所：竹原相光，2007，「企業価値評価ガイドラインについて」『週刊経営財務』No.2843)

図表13-2 企業価値概念

事業価値	事業から創出される価値	
企業価値	事業価値に加えて，事業以外の非事業資産の価値を含めた企業全体の価値	
株主価値	企業価値から有利子負債等の他人資本を差し引いた株主に帰属する価値	
	株式価値	特定の株主が保有する特定の株式の価値 例えば，ある株主が保有する普通株式または種類株式の価値

(出所：日本公認会計士協会，2007，p.3，「図表Ⅰ-2 企業価値概念」)

ても，現在では非財務指標に関する研究テーマは広範に及んでおり，財務数値に係る指標以外の公表情報などの重要性もより一層増している。

　企業価値の評価方法には，DCF法や配当還元法などのインカム・アプローチによるもの，市場株価法や類似企業比較法などのマーケット・アプローチによるもの，そして簿価純資産法や時価純資産法などのネットアセット・アプローチによる方法がある。これらは，日本公認会計士協会（2013）の「企業価値評価ガイドライン」において，**図表13-3**のようにまとめられている。

　これらの評価方法は，企業価値が利用される場面や入手可能な情報の状況な

図表13-3	評価アプローチ
評価アプローチ	**評価方法**
インカム・アプローチ	フリー・キャッシュフロー法 調整現在価値法 残余利益法 その他 　　配当還元法 　　利益還元法（収益還元法）
マーケット・アプローチ	市場株価法 類似上場会社法（倍率法，乗数法） 類似取引法 取引事例法（取引事例価額法）
ネットアセット・アプローチ	簿価純資産法 時価純資産法（修正簿価純資産法） その他

（出所：日本公認会計士協会，2013，p27，「図表Ⅳ-2 企業評価アプローチと評価法」）

どによって使い分けられる。たとえば，TOBなどの場面においては，買付価格に関する算定の経緯で公表され，実際によく用いられている方法は市場株価法，DCF法，類似企業比較法である（平井・椎葉，2010，p.104）。しかし一方で，秋本（2001，p.240）では，「企業ができるだけ客観的かつ総合的に評価しようとするものの，現代企業は複雑かつ多様性を有することから，企業を評価することは難しく，実際には評価主体の企業観や価値観に大きく左右されることは，事実として否定できない。」ともしている。このように，ある企業の価値評価において，必ずしも絶対的な価値評価方法が存在するのではなく，企業価値を評価する目的や利用する場面の違いによって，できる限り客観的な評価を行う必要性があろう。

2　連結経営による価値創造——企業再編の視点から

企業価値の評価において，これまで一般的に対象となるのは個別の企業であることが多かった。すなわち**図表13-3**のような評価アプローチにより，利益やキャッシュ・フロー，また同業他社の比率や株価，そして時価純資産などを利用し，個別の企業の価値評価を行うものである。しかし，公開企業のように比較的規模の大きい企業では，企業グループとしての連結経営が求められ，個

別の企業にとどまらず企業グループ全体での価値評価の必要性が高まっている。そこで企業グループの価値評価について，企業再編の場面から考察を行う。

飛田（2005, p.84）では，これまで連結経営への移行で見られるような企業内（組織）再編がもたらした結果を明らかにしている研究は十分であるとはいえないとし，日本企業の事業構造に関する研究では，今のところ多角化の実態すら一致した認識は形成されていないとしている。また，日本企業が取引先企業を子会社や傘下に収めるなどして，系列や企業グループを形成し，1980年代には，それが日本企業の優位性を築く基礎にあるものと解されてきたが，1990年代に入ってからの長い景気低迷と連結財務諸表主体の会計制度の導入を契機に，これまでの経営慣行を改めようとする動きが生まれ，それが「連結経営」というキーワードに集約されたものであるともしている。その点で，近年の企業再編にみられるさまざまな動向は，連結経営の重要性が認識された結果として，単体ベースから連結ベースへと企業価値評価も移行しているものと解している。

このように連結経営の考え方の浸透が進み，経営者の企業グループ全体での価値創造が求められる現在では，企業グループ全体での価値創造を把握することは非常に重要となっている。しかし，企業再編において親会社と子会社とは異なる業種の場合も多く，単純に財務数値を集計することでは企業グループの価値を測定することはできない。

事業構造の再編にかかる分析において，事業再編の研究テーマとしては，多角化は果たして企業価値を損なうか，もしそうであるとすれば事業の集約化は企業価値の向上をもたらすかといった点が中心である。また「多角化と企業パフォーマンスの関係」については，多角化は企業価値を損ねるという研究が多いとしている（菊谷, 2006, p.2）。このような研究結果は，連結経営を進める上で，多角化という選択が必ずしもグループ全体での価値創造に貢献できていないことを示唆している。

また松崎（2013, pp.270-271）では，多角化企業は戦略的フォーカスに比べて株式評価が低く見積もられる傾向が強く，このため，著しく企業価値を損ねるとの主張がなされている。たとえば，多角化企業の株式価値は，それぞれの部門の単独企業価値の合計と比較するとおよそ13％から15％ほど低いことや，ま

た1992年から1994年までの日本とイギリスの大企業における多角化の弊害について, 日本では10％, イギリスでは15％の重大な多角化ディスカウントの発生が確認されている。これらの結果から, 少なくとも日本企業に関しては, 多角化による価値破壊が起こっていることが明らかである。

そして企業グループの形態に関して, 日本とは異なり米国では, 純粋持株会社制の一般事業会社での採用はほとんどなく, 金融業界で金融持株会社が用いられているにすぎない (林, 淺田, 2001, p.42)。なぜなら, 米国において独占禁止法上, 持株会社制の利用が制限されていることに加え, 1980年代以降, 米国企業は事業の再構築としてダイベストメント[1]として脱多角化を実施したからである (大坪, 2005, p.15)。これは, 資本の理論に従って, 株主価値を高め, 経済的な余剰の創造と分配を目的とした事業ポートフォリオの再構築であるといえる。関連多角化にシナジー効果が認められる一方で, 非関連多角化はリスク分散のメリットよりもシナジー効果が薄く, 企業価値にネガティブな影響を与えている恐れがある (青木, 2008, p.118)。また, 企業規模, そして企業グループが大きくなれば, さまざまな制約を受けることとなるが, 米国で多角化を整理する方向に進んできたのは, 税制上の問題よりもむしろ株主資本利益率改善という側面が強いと考えられる (塘, 2009, p.121)。

このように, 企業再編における多角化においては, 関連事業におけるシナジー効果が一部で認められる一方で, 企業グループ全体としての企業価値を創造するよりも, むしろ破壊している事実が多く報告されている。

Ⅲ　企業グループの価値創造

1　企業グループの価値評価

グループ内の個別企業の価値創造, すなわち「グループ企業の部分最適化」

1　ダイベストメントとは, 企業が事業部門の一部を切り離すことを目的とする事業の他企業への売却, 事業部門の一部を独立させるスピン・オフ, 参加企業の株式の一部売却などを指す (塘, 2009, pp.120-121)。

第13章 企業グループの価値評価 ▎ *211*

と，本章で研究対象とする企業グループ全体での価値創造，すなわち「企業グループの全体最適化」を考えるうえで，評価方法はどのように考えるべきであろうか。

　個別決算に対して，連結決算での損益計算書や貸借対照表，そしてキャッシュフロー計算書の財務数値は，企業（連結）グループの内容が調整されたうえで包含されている。そのため，連結決算の財務数値からインカム・アプローチやネットアセット・アプローチで評価する場合には，連結ベースの財務諸表を用いて企業グループ全体の価値を評価することに一定の妥当性があると考えられる。また，マーケット・アプローチでの評価においても，投資家らが連結財務諸表および連結ベースでの開示情報をもとに評価した結果であると考えれば，市場価値（株価）により企業グループの価値を測ることができる。これらのことより，企業グループに関しては親会社の連結ベースでの価値評価を行うことで企業（連結）グループ全体の価値評価がある程度は可能である。

　企業グループの形態によらず一般的に，連結財務諸表が個別の財務諸表を単純合計したものでないのと同様に，企業（連結）グループの価値が個別の企業価値の合計とはならない。したがって，まず企業グループの形態，すなわちグループ構造を精緻に分析した上で，企業グループの価値を評価する必要がある。

　たとえば伊藤（1999, pp.293-382）の「グループ価値評価力」では，グループ価値創造が実現できているかを評価できてはじめて，継続的なグループ価値創造を促すことが可能であり，グループ価値評価力の水準が，グループ経営の成否を左右するとしている。そして，本社・人材・情報・制度活用の４つのドライバーによってグループ価値を創造し，グループ価値評価力を支える有効なツールの１つとして，**図表13-4**のようなグループマップを挙げている。このグループマップでは，決算指標に関して，個別指標と連結指標をそれぞれ軸としたマトリクスにより４種類に分類している。(A)の子会社劣位型は，親会社の決算指標は良いが子会社の決算指標が悪く，グループを親会社が支えているグループであり，(C)の親会社孝行型は，逆に子会社が親会社を支えているグループと考えられる。(B)のグループ価値破壊型は，親会社と子会社で共に決算指標が悪く，全体としてグループ価値を毀損しているのに対し，(D)のグループ価値創造型は，親会社と子会社が共にグループの企業価値創造に貢献しているグ

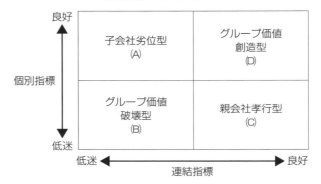

(出所:伊藤, 1999, p.297. 「図表9-2 個別決算指標と連結決算指標の関係性に見るグループマップ」)

ループである。またグループ価値創造分析のフレームワークを①から③のようにまとめている。

① グループ構造分析（メンバー構成・業績構造アプローチ）
② 連結財務分析ピラミッド（収益性・安全性・生産性/効率性・成長性）
③ グループ価値創造分析（PBR・PER・EVA・FCF）

①のグループ構造分析では，グループのメンバー構成などを分析し，②で伝統的な財務諸表分析に準じて連結ベースで財務分析を行い，そして③でグループの価値創造について分析するものである。

また薄井（2006, pp.62-69）では，これまでの連結財務諸表と個別財務諸表のいずれの価値関連性が高いかという研究に対し，財務諸表のボトムライン（当期利益や株主資本）と株価の価値関連性に焦点を当てると，財務諸表やセグメント情報がグループ戦略の業績をどのように反映しているかという問題は未解決のままになっているとして，次のような検証を行っている。

株式価値（時価総額）を被説明変数として，説明変数には売上高連単倍率[2]，産業の集中度の尺度（Herfindahl指数[3]），国際化の尺度（海外売上高比率[4]）を入れて回帰分析を行う。この結果，連結ベースと個別ベースのいずれでも，連

結グループの範囲が広いほど，企業価値が高く評価されている。連結グループの拡大は，一般に製品やサービスの種類の増加をもたらし，こうした範囲拡大によって費用を節約できると期待されている。その一方で，戦略変数の「多角化」（Herfindahl指数）の係数は有意とならず，市場は企業が戦略を講じただけでは評価せず，戦略と業績の関係を評価していると結論づけている。この実証結果からも，企業の多角化が企業価値創造に直接的に繋がる証拠は得られていない。

2　企業グループの価値算定

図表13-1のとおり，企業価値から株主に帰属する価値，すなわち株主価値の算定を行う際，次式のように計算される。

$$株主価値　=　企業価値　-　有利子負債等$$

ここで有利子負債等には，有利子負債のほか，退職給付債務，リース債務，そして少数株主持分も含まれる。たとえば，**図表13-5**のように，A社の株式を100％，B社の株式を80％所有するABホールディングスがあるとする。

このときABホールディングスの企業価値（EV_{AB}）を計算するには，A社の企業価値（EV_A）とB社の企業価値（EV_B）を単純に合算せず，少数株主持分を考慮して次式のようになる。

$$EV_{AB}　=　EV_A　+　EV_B　\times　80\%$$

ところで，「国際会計基準では，経済的単一体説[5]に基づいて，少数株主持分は株主持分（資本）に表示されるが，わが国では，親会社説に基づいて，少数株主持分は株主資本とは区別して表示される」（山地・三木, 2012, p.1）ことか

2　売上高連単倍率 $= \dfrac{連結売上高}{親会社売上高}$

3　Herfindahl指数 $= \sum \left(\dfrac{セグメントの売上高}{連結売上高} \right)^2$

4　海外売上高比率 $= \dfrac{海外売上高}{連結売上高}$

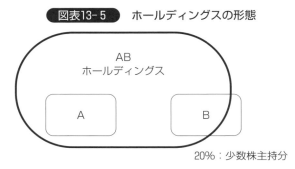

図表13-5 ホールディングスの形態

(出所:筆者作成)

ら、日本においては、本来は上式にあるような計算によって企業価値の算定が行われるべきである。しかし、少数株主損益（少数株主持分）が市場で評価されている（株価と価値関連性がある）ことが明らかとされ、純利益＋少数株主損益（少数株主持分）を純利益（純資産）と考えた方が株式市場の評価では有意であることが示唆されている（石川, 2006・大日方, 2006）。すなわち、株式市場においては、必ずしも株主の持分に見合った評価がされておらず、むしろ企業グループ全体としての価値が評価されているとも考えられる。

3　事例：グループ・マネジメント（CMS導入）による企業価値の創造

連結グループによる費用節約に関連して、本社費用について、複数の事業部を有する企業の典型的な本社費用は、売上の1～2％、営業利益の約10～20％である。したがって、本社費用が価値に与えるマイナスの影響は、企業価値の10～20％となる（マッキンゼー, 2002, p.173）。これを踏まえ、企業グループで資金の融通をしあうCMS（Cash Management System）の導入による費用節約効果が、企業グループ全体の価値に影響を与えているのか、そして価値を創造し

5　連結財務諸表は親会社株主のみならず企業集団を構成する親会社および子会社のすべての株主のために作成されるべきであるという考え方である。連結財務諸表は、企業集団の財務諸表であり、親会社株主と少数株主は区別されず、親会社株主と少数株主持分はともに企業集団の株主とみなされる（山地・三木, 2012, p.2）。

第13章　企業グループの価値評価 ▍ *215*

ているのかを分析する。

　CMSとは，企業グループ内の会社が個別に資金を保有，運用をするのではなく，CMS統括会社にグループ会社の資金を集約し，企業グループ内で資金の一元的な管理を行うもので，グループ・マネジメント手法の1つである。すなわち，企業グループ全体の金融機関に対する複数の資金移動を合算・相殺することで，移動件数を減らし，手許預金での無駄を減らし，有利子負債および支払利息の削減が期待できる。CMSにおける主要機能には，(a)プーリング，(b)ネッティング，(c)支払代行が挙げられるが，特にプーリング機能が基本的な機能である[6]。

　連結経営が特に重視されるようになった2000年前後からCMSを導入する企業が増えてきており，本章においてはCMSの導入により大きな成果をあげている企業として，宇部興産株式会社（以下「宇部興産」と略）と株式会社神戸製鋼所（以下「神戸製鋼所」と略）を事例として分析を試みる[7]。宇部興産（東証1部）は2002年10月にCMSを導入し，連結ベース[8]での現金預金および借入金のスリム化が実現されている（園田, 2010, p.54；徳光, 2010, p.49）。また神戸製鋼所（東証1部）では2001年3月にCMSを導入し，連結ベース[9]での手許現預金の大幅な減少と，業績好調の影響もあるものの，有利子負債が半減しており，CMSによる貢献も少なくない（日経情報ストラテジー, 2006, pp.224-227）。

　本章において，企業価値の創造もしくは破壊を測るための分析として，イベント・スタディ法を用いる[10]。イベント・スタディ法[11]とは，あるイベントが株価に与えた影響を分析する手法である。すなわち，株価の収益率の変化から

　6　本章で対象としている宇部興産でも，CMS導入においてプーリング機能からスタートしている（徳光, 2010, p.50）。

　7　他企業でもCMSを導入しているところはあるが，本章では導入時期を特定できた上場企業2社を対象としている。

　8　連結子会社数は，2002年3月期決算において83社である。

　9　連結子会社数は，2001年3月期決算において156社である。

　10　本章の事例のような長期的な分析において，該当するイベント以外の影響も織り込まれることも考えられるため，イベント・スタディ法を用いることに関しては検討の余地がある。

　11　イベント・スタディ法による分析方法については，祝迫他（2003, pp.154-186）にくわしい。

イベントによる株価の影響を分析する。本章においては，CMS導入をイベントとし，その導入前後での超過リターン（AR：Abnormal Return）および累積超過リターン（CAR：Cumulative Abnormal Return）を測定することで分析を行う。

分析においては，CMSの導入開始時期をt＝0として，当該企業と日経平均株価の月次収益率[12]について，その差分を計算することで月ごとでの超過リターンを(1)式により算出する[13]。

$$AR_{i,t} = R_{i,t} - R_{m,t} \qquad \qquad \cdots\cdots(1)$$

$R_{i,t}$ ： t 月における企業 i の月次収益率

$R_{m,t}$ ： t 月における日経平均（m）の月次収益率

$AR_{i,t}$： t 月における企業 i の超過リターン

イベント・ウィンドウにおける企業 i の超過リターンを累積することで，t_1 月からt_2月の期間での企業 i の累積超過リターンを(2)式により求める。

$$CAR_i = \sum_{t=t_1}^{t_2} AR_{i,t} \qquad \qquad \cdots\cdots(2)$$

CAR_i：t_1月〜t_2月の企業 i の累積超過リターン

図表13-6は，事例とした2社のARとCARについて表している[14]。**図表13-6**からCMS導入時期（t＝0）までの3年間に比べ，CMS導入後の5年後（t=60）あたりまでは2社共にCARがポジティブな方向性を示している。その後の10

12　月次収益率は次の式により算出される。

$$R_{i,t} = \frac{P_{i,t} - P_{i,t-1}}{P_{i,t-1}}$$

　　ただし，$P_{i,t}$は t 月における i 企業もしくは日経平均（i=m）の株価（終値）。

13　本章における分析では簡易的に，実現した収益率からベンチマークとなる日経平均の収益率を減じているが，詳細な分析を試みる際には，市場モデルなどにより推定した収益率を減ずることで超過リターンを計算することが必要である。

14　(1)式，(2)式によるARとCARの計算では月次データを用いて分析を行っているが，概観を捉えるために，図表13-6において，ARはtの該当月の値を，またCARは1年（12ヵ月）単位の値を掲載している。なお，月次収益率の計算における株価は，日経NEEDS-FQより入手した。

第13章　企業グループの価値評価 ▎ *217*

図表13-6		事例2社のARとCAR（t=-36〜+120）						
	t（月）	-36	-24	-1	0	+12	+24	+36
宇部興産	AR	0.167	0.028	0.074	-0.092	0.271	0.089	-0.111
	CAR	0.000	0.051	0.418	0.203	0.742	0.325	0.789
神戸製鋼所	AR	-0.211	0.171	-0.002	0.126	-0.143	-0.027	0.159
	CAR	0.000	0.021	-0.594	-0.094	-0.217	0.438	1.067

	+48	+60	+72	+84	+96	+108	+120
	0.022	-0.010	-0.165	0.061	0.011	-0.043	0.082
	0.765	0.915	0.694	1.089	0.986	1.268	0.996
	-0.040	0.034	0.002	-0.107	0.134	0.244	-0.078
	1.208	1.822	1.814	1.622	1.451	1.648	1.681

（出所：筆者作成）

年後（t=120）まででも，神戸製鋼所では積み上げたCARをある程度維持し，また宇部興産ではよりプラスとしていることが確認できる。この結果が必ずしもCMS導入による効果だけであるとはいえないものの，企業グループとして連結経営を意識した結果によって，親会社が市場において大きく価値創造を果たしていることは明らかである。「企業グループの全体最適化」を実現するための手法の1つであるCMSが，企業グループでの価値創造を実現できていることを，企業グループの価値変化により確認した。

Ⅳ　企業のグループ化（持株会社化）による価値創造

1　持株会社化による企業グループ

　2000年3月期よりの個別財務諸表から連結財務諸表への移行や，2000年前後より大きな関心事となっている敵対的買収など，2000年頃を境として，グループ経営を考える上での企業環境は大きく変化している。法制度の変化も，1997年の独占禁止法改正による純粋持株会社の解禁や商法改正による合併手続きの簡易・合理化，1999年の商法改正による完全親子会社関係を創立させるための「株式交換・株式移転制度」の導入，さらに2000年商法改正では，企業が事業

の一部を切り離し新会社として独立させるなど，他の企業に承継させる「会社分割」制度が創設されている（池島・平井，2013, p.21）。このように，日本の商法・会社法における組織再編法制は，1997年の独禁法改正により，純粋持株会社が解禁されたことで大きな変化を遂げている。その後の対価の柔軟化[15]も相まって，合併などの再編は企業にとって重要な戦略として，より一層の活用がされている。

大坪（2011, p.1）によれば，1990年度から2006年度までの日本の上場企業における関係会社の状況は，おおむね15社程度の子会社，5社程度の関連会社を持つ傾向があり，グループの総資産および売上高の約20％を子会社や関連会社が占めているとしている[16]。

図表13-7は，1995年度から2014年度における上場企業の連結子会社の数について，最大値，平均値および中央値を示したものである。連結子会社の数について，中央値では1995年度の8社から2014年度の13社へと，また平均値でも22.6社から33社へと増加傾向がみられる。

持株会社化の目的の1つには，M&Aの実施を容易に行えることもある。M&Aも企業価値創出のための有効な手段であり，M&Aを行う動機は多岐にわたっているが，動機の一部に挙げられるのが，シナジー効果の実現および経営改善効果である。シナジー効果とは，規模の経済性，範囲の経済性，新技術の獲得，時間の節約などによる効率性の改善効果であり，これらの実現を通じて，企業価値ひいては株主価値が向上することが期待される。また，経営改善効果とは，企業価値の向上を目指す経営者チームが，非効率な経営を行っている経営陣を排除し，経営改善を実現する効果のことであり，これによってもまた，株主価値が高まることが期待される（井上・加藤，2006, p.43）。一方で，M&Aにおける問題点も存在し，たとえば外国会社と日本企業との間で実施される場合には，「日本の大企業が相対的に欧米の同業に比べて時価総額が著し

15　対価の柔軟化とは，吸収合併，吸収分割，株式交換において，消滅会社の株主等に対して存続会社などの株式を交付せず，金銭その他の財産を交付することができるものとする制度である（会社法第749条等）。

16　総資産連単倍率（＝連結の総資産額／単独の総資産額）と売上高連単倍率（＝連結売上高／単独売上高）による。

第13章　企業グループの価値評価 ┃ *219*

図表13-7　上場企業の連結子会社数[17]（単位：社）

年度	1995	1996	1997	1998	1999	2000	2001	2002	2003	2004
中央値	8	9	9	9	10	10	10	10	10	10
平均値	22.6	23.2	24.0	24.6	26.5	26.9	26.9	26.3	26.6	27.1
最大値	988	1,074	1,142	1,041	1,080	1,078	1,068	1,112	1,048	985

	2005	2006	2007	2008	2009	2010	2011	2012	2013	2014
	11	11	11.5	12	12	12	12	12	12	13
	27.5	28.7	29.0	29.7	29.3	29.2	29.9	30.4	31.0	33.0
	936	960	991	1,242	1,266	1,277	1,267	1,312	1,317	1,240

（出所：筆者作成）

く低い」（服部, 2015, p.28）ことも問題点として指摘されている。

　いずれにしても持株会社化によって，多くの戦略的な手法を利用した企業再編の実施が容易となり，その効果を企業グループとして享受できることが期待できよう。

2　持株会社化による企業グループ価値の評価

　前述のように，M&Aを容易にするなど持株会社化にはさまざまなメリットも考えられるが，その効果を十分に活用して，市場における価値創出がなされているのか検証する。

　本章では，5年間の経年変化を確認するため，2006年から2011年の間に，特に会社分割によって持株会社化を行った企業を対象とする。そのうち，次のような条件を満たすものをサンプルとすると，対象となるサンプルのデータ数は113である。

◆持株会社が上場企業
◆対象期間の決算期間が12ヵ月
◆対象期間において分析に必要な財務データおよび株価が入手可能

17　日経NEEDS-FQより入手可能である，上場全社に関する連結子会社数のデータを基に作成している。

図表13-8　持株会社化によるCAR

CAR	経過年数				
	1年	2年	3年	4年	5年
データ数	113	113	113	113	113
平均値	0.024	0.134	0.222	0.289	0.441
標準偏差	0.915	1.007	1.077	1.082	1.131

(出所：筆者作成)

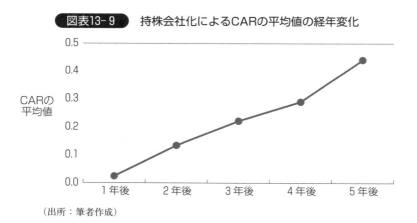

図表13-9　持株会社化によるCARの平均値の経年変化

(出所：筆者作成)

　図表13-8は，サンプルにおけるARをそれぞれ計算し，累積した結果であるCARについて，経過年数ごとにまとめたものである[18]。また，CARの平均値の時系列変化についてグラフにしたものが**図表13-9**である。

　図表13-8および**図表13-9**において，経過年ごとのCARの平均値をみると，持株会社化した後の分析期間である5年間では，ARがプラスで推移することによって，CARが明らかに増加傾向を示している。すなわち，市場における評価では，持株会社化により価値創造が実現されていることがわかる。企業は持株会社化を行った直後の期から，着実に価値創造を実現している。このことは，少なくとも5年間の結果からではあるが，企業は経営の効率化を持株会社化に

18　図表13-6と同様に，図表13-8においても，CARは1年（12ヵ月）単位の値を掲載している。

よって図り，長期的に価値の創造を可能にしていることの表れであると考えられる。

V　おわりに

本章では，企業グループの価値評価について，事例を用いながら検討を行った。個別企業の場合と違い，企業グループではシナジー効果や多角化による価値ディスカウント（プレミアム）等も考慮しながら評価をしなければならない。すなわち，「グループ企業の部分最適化」が，必ずしも「企業グループの全体最適化」とならないため，企業グループごとに構造分析などを行った上で価値を評価する必要性がある。本章の事例では実施していないが，本来であれば企業グループの形態についてより詳細な構造分析を価値評価の前提として行う必要があろう。また，企業グループの価値評価を行う際に，まず企業グループを対象とした詳細な経営分析を行うことで，企業グループの業種などの特徴をより反映した価値評価ができると考えられる。また本章では，CMSによる事例を用いて検証を行っているが，連結経営を進める上では，CMS以外にもシェアードサービスなどさまざまなグループ・マネジメント手法が考えられ，各手法の特性を踏まえながら検証を行うことで，それらの手法の効果についても明らかとなろう。

持株会社化による企業グループ価値の分析では，持株会社化により，企業グループが市場での価値を高めていることが確認された。このことは，企業がグループで一体となって効率化を進めることにより業績に繋がり，その結果が企業価値創出の源泉となっていると考えられる。企業グループとしての強みを活かした経営が市場においても要求されている。

今後，さまざまなグループ・マネジメント手法による企業グループ価値への影響が明らかとなり，そしてまた持株会社化による組織再編等の成果を踏まえ，「企業グループの全体最適化」実現の方向性が明らかとなることで，企業のグループとしての価値が創造される。

● 参考文献

青木秀孝. 2008. 「事業ポートフォリオの再編と企業統治」. 宮島英昭編著『企業統治分析のフロンティア』日本評論社.

秋本敏男. 2001. 「企業評価の意義と手法に関する新しい展開」『経営研究所論集』24:239-257.

池島真策・平井裕久. 2013. 「会社分割制度の法的変遷とその検証」『大阪経大論集』64(4):21-39.

池田英治. 2005. 「金融コングロマリット形成過程における消費者金融会社との連携意義と企業価値への影響」パーソナルファイナンス学会.

石川博行. 2006. 「少数株主持分に対する株式市場の評価」『會計』170(3):363-378.

伊藤邦雄. 1999. 『グループ連結経営―新世紀の行動原理―』日本経済新聞社.

井上光太郎・加藤英明. 2006. 『M&Aと株価』東洋経済新報社.

祝迫得夫・大橋和彦・中村信弘・本多俊毅・和田賢治. 2003. 『ファイナンスのための計量分析』共立出版.

薄井彰. 2006. 「企業の国際事業展開と利益の価値関連性」『国際会計研究学会年報2006年度』:61-74.

大坪稔. 2005. 『日本企業のリストラクチャリング―純粋持株会社・分社化・カンパニー制と多角化―』中央経済社.

大坪稔. 2011. 『日本企業のグループ再編』中央経済社.

大日方隆. 2006. 「負債の概念と利益のValue Relevance」『會計』169(1):20-33.

大日方隆. 2013. 『利益率の持続性と平均回帰』中央経済社.

菊谷達弥・齋藤隆志. 2006. 「企業グループの視点からみた事業構造の再編:90年代末～2000年代初めのグループ戦略」『京都大学大学院経済学研究科Working Paper』J-54.

木村登志男. 2009. 「セイコーエプソン・事業多角化の起源」『法政大学イノベーション・マネジメント研究センター　ワーキングペーパー』68.

齋藤正章. 2010. 「純粋持株会社における経営管理上の課題」『放送大学研究年報』28:37-43.

園田智昭. 2006. 「CMSによる企業グループ全体の資金マネジメント」『會計』170(5):698-711.

園田智昭. 2010. 「CMSによる資金マネジメントの効果とその発展性」『會計』177(5):668-679.

竹原相光. 2007. 「企業価値評価ガイドラインについて」『週刊経営財務』2843.

徳光眞介. 2010. 「宇部興産グループの資金マネジメント―CMSの活用と今後の課題―」『企業会計』62(5):696-701.

塘誠. 2009. 「日本の純粋持株会社におけるポートフォリオ・マネジメント」『成城大学経済

研究』183/184：119-143.

日経情報ストラテジー. 2006.「業務革新ビフォー・アフター―神戸製鋼所―」『日経BP』14
　(12)：224-227.

飛田努. 2005.「連結経営と企業価値創造」『立命館経営学』44(2)：83-103.

服部暢達. 2015.『日本のM&A』日経BP社.

平井裕久・椎葉淳. 2010.「併用方式による企業価値評価―加重平均におけるウェイトの問
　題に焦点を当てて―」『原価計算研究』34(2)：103-115.

林昇一・浅田孝幸編著. 2001.『グループ経営戦略―理論と実際―』東京経済情報出版.

日本公認会計士協会. 2007.『企業価値評価ガイドライン』日本公認会計士協会出版局.

日本公認会計士協会. 2013,『企業価値評価ガイドライン　改訂版』日本公認会計士協会出
　版局.

マッキンゼーアンドカンパニー. 2002.『企業価値評価―バリュエーション：価値創造の理
　論と実践―』ダイヤモンド社.

松崎和久. 2013.『グループ経営論―その有効性とシナジーに向けて―』同文舘出版.

水永正憲. 2004.「分社・持株会社制と人材管理革新」『経営の科学』49(10)：617-622.

山地範明・三木潤一. 2012.「少数株主持分の価値関連性に関する実証研究」『ビジネス&ア
　カウンティングレビュー』9:1-11.

（平井裕久）

索　引

欧　文

ABC分析 ………………………………… 200
APA（Advanced Pricing Arrangement）
　………………………………………… 115
AR（Abnormal Return）……………… 216
CAR（Cumulative Abnormal Return）… 216
CMS（Cash Management System）‥ 10, 214
NTTグループ ……………………………… 29
IGS（Intra Group Service）…………… 120
PE（Permanent Establishment）……… 131
RFM分析 ………………………………… 200
Transfer Pricing ……………………… 113

あ

移転価格税制 …………………………… 110
移転価格マネジメント ……………… 115, 131
イベント・スタディ法 ………………… 215
エコ・エフィシェンシー ……………… 149
遠心力 ……………………………………… 62

か

買い回り ………………………………… 191
株主価値 ………………………………… 206
環境会計 ………………………………… 138
環境会計ガイドライン ………………… 141
環境経営 ………………………………… 138
環境報告ガイドライン ………………… 143
環境保全コスト ………………………… 146
環境保全に伴う経済効果 ……………… 146
企業価値 …………………………… 205, 206
企業グループ ……………………………… 3
企業グループ意識の醸成 ……………… 27
企業グループ型のロイヤルティ・プログ
　ラム ………………………………… 179
企業グループとしての全体最適 ……… 38
企業再編 ………………………………… 209
技術開発テーマ会議 …………………… 97

求心力 ……………………………………… 62

業績評価 ………………………………… 121
グループ経営 ………………… 58, 75, 91
グループ・コストダウン …………… 184, 203
グループ・シナジー …………………… 173
グループ・シナジーの測定 …………… 194
グループ内役務提供 …………………… 120
グループ・ブランディング ………… 185, 203
グループ・ポイントカード …………… 191
グループ・ポイントカードの効果 …… 191
グループ・ポイントカードの運営方針 … 193
グループ・ポイントカードの評価尺度 … 192
グループ・マネジメント ……………… 215
経営統合 ………………………………… 37
経営統合プロセス ……………………… 38
恒久的施設 ……………………………… 131
国際税務マネジメント ………………… 129

さ

最適化の３つのレベル …………………… 6
サプライチェーン ……………………… 167
傘下事業・組織の再編 ………………… 38
サントリーグループ …………………… 92
サントリービジネスエキスパート株式会社
　………………………………………… 94
シェアードサービス会社 …………… 9, 20
シェアードサービス会社の売却 ……… 14
事業価値 ………………………………… 206
事業持株会社 ………………… 3, 19, 59
事前確認制度 …………………………… 115
シナジー効果 …………………………… 183
社会的な資本 …………………………… 81
純粋持株会社 ………… 2, 19, 57, 75
純粋持株会社制 ………………………… 91
純粋持株会社の設置 …………………… 38
純粋持株会社の廃止 …………………… 38
自律性 …………………………………… 84
人事交流 ………………………………… 104

人的資産の管理 ······························ 19
人的資産の管理施策の実施の効率性・効
　果性向上 ·································· 29
人的資産の有効活用 ······················ 27
政府間協議（相互協議） ················ 112
全体最適 ························· 5, 19, 123
全体最適と部分最適の関係 ················ 7
統合型 ······································ 20
多角化企業 ······························· 209

た

タックス・プランニング ················ 121
単一企業型のロイヤルティ・プログラム
　 ·· 176
単体ベースの環境会計 ··················· 157
地球環境 ·································· 163
知識のガバナンス・メカニズム ·········· 82
知識の移転・共有 ···················· 77, 91
超過リターン ····························· 216
提携型のロイヤルティ・プログラム ····· 178
デシル分析 ······························· 202

な

ナレッジ・マネジメント ·········· 185, 204

は

バランス ···································· 62

100%子会社 ······························ 68
部分最適 ························· 5, 19, 123
分権化の徹底 ························· 75, 91
分社化 ······································ 19
分社型 ······································ 20
分析のための3つの視点 ··················· 3

ま

マネジメント・コントロール ············ 60
マネジメント・コントロール・システム
　 ······································ 77, 92
マルハニチロ株式会社（マルハニチログ
　ループ） ································· 44
持株会社化 ······························· 217

や

ユニット制 ································· 55
横の連携の必要性 ························· 83

ら

累積超過リターン ························· 216
連結環境会計 ····························· 143
連結経営 ·································· 209
連結セグメント会計 ······················ 11
連結ベースの環境会計 ··················· 157
ロイヤルティ・プログラム ·············· 174

●編著者紹介

園田　智昭（そのだ　ともあき）

慶應義塾大学商学部教授
博士（商学）［慶應義塾大学］，公認会計士
1986年　慶應義塾大学経済学部卒業
1989年　公認会計士第三次試験合格
1991年　慶應義塾大学大学院商学研究科博士課程経営学・会計学専攻単位取得
2006年　慶應義塾大学商学部教授，現在に至る
　　　　公認会計士試験試験委員（〜2010年まで）
2009年　総務省契約監視会委員（現在）
主要著書：
『シェアードサービスの管理会計』中央経済社，2006年
『イノベーションと事業再構築』共著，慶應義塾大学出版会，2006年
『原価・管理会計入門』共著，中央経済社，2010年
『プラクティカル管理会計』中央経済社，2017年

企業グループの管理会計

2017年12月10日　第1版第1刷発行
2018年1月30日　第1版第2刷発行

編著者　園　田　智　昭
発行者　山　本　　　継
発行所　㈱中央経済社
発売元　㈱中央経済グループ
　　　　パブリッシング

〒101-0051　東京都千代田区神田神保町1-31-2
電話　03(3293)3371(編集代表)
03(3293)3381(営業代表)
http://www.chuokeizai.co.jp/
印刷／㈱堀内印刷所
製本／㈲井上製本所

ⓒ 2017
Printed in Japan

＊頁の「欠落」や「順序違い」などがありましたらお取り替えいた
しますので発売元までご送付ください。（送料小社負担）
ISBN978-4-502-24671-5　C3034

JCOPY〈出版者著作権管理機構委託出版物〉本書を無断で複写複製（コピー）することは，
著作権法上の例外を除き，禁じられています。本書をコピーされる場合は事前に出版者著
作権管理機構（JCOPY）の許諾を受けてください。
　JCOPY〈http://www.jcopy.or.jp　eメール：info@jcopy.or.jp　電話：03-3513-6969〉

―― ■おすすめします■ ――

学生・ビジネスマンに好評
■最新の会計諸法規を収録■

新版 会計法規集

中央経済社編

会計学の学習・受験や経理実務に役立つことを目的に，最新の会計諸法規と企業会計基準委員会等が公表した会計基準を完全収録した法規集です。

《主要内容》

会計諸基準編＝企業会計原則／外貨建取引等会計処理基準／連結CF計算書等作成基準／研究開発費等会計基準／税効果会計基準／減損会計基準／自己株式会計基準／１株当たり当期純利益会計基準／役員賞与会計基準／純資産会計基準／株主資本等変動計算書会計基準／事業分離等会計基準／ストック・オプション会計基準／棚卸資産会計基準／金融商品会計基準／関連当事者会計基準／四半期会計基準／リース会計基準／工事契約会計基準／持分法会計基準／セグメント開示会計基準／資産除去債務会計基準／賃貸等不動産会計基準／企業結合会計基準／連結財務諸表会計基準／研究開発費等会計基準の一部改正／変更・誤謬の訂正会計基準／包括利益会計基準／退職給付会計基準／原価計算基準／監査基準／連続意見書　他

会 社 法 編＝会社法・施行令・施行規則／会社計算規則

金 商 法 編＝金融商品取引法・施行令／企業内容等開示府令／財務諸表等規則・ガイドライン／連結財務諸表規則・ガイドライン／四半期財務諸表等規則・ガイドライン／四半期連結財務諸表規則・ガイドライン　他

関 連 法 規 編＝税理士法／討議資料・財務会計の概念フレームワーク　他

■ 中央経済社 ■